우문현답, 35년의 길

우문현답, 35년의 길
버티고 견디고 이겨낸 1% 직장 생활 이야기

초 판 1쇄 2025년 10월 29일

지은이 정방선
펴낸이 류종렬

펴낸곳 미다스북스
본부장 임종익
편집장 이다경, 김가영
디자인 윤가희, 임인영
책임진행 이예나, 김요섭, 안채원, 김은진, 국소리

등록 2001년 3월 21일 제2001-000040호
주소 서울시 마포구 양화로 133 서교타워 711호
전화 02) 322-7802~3
팩스 02) 6007-1845
블로그 http://blog.naver.com/midasbooks
전자주소 midasbooks@hanmail.net
페이스북 https://www.facebook.com/midasbooks425
인스타그램 https://www.instagram.com/midasbooks

ⓒ 정방선, 미다스북스 2025, *Printed in Korea*.

ISBN 979-11-7355-544-2 03190

값 18,500원

※ 파본은 구입하신 서점에서 교환해드립니다.
※ 이 책에 실린 모든 콘텐츠는 미다스북스가 저작권자와의 계약에 따라 발행한 것이므로 인용하시거나 참고하실 경우 반드시 본사의 허락을 받으셔야 합니다.

미다스북스는 다음세대에게 필요한 지혜와 교양을 생각합니다.

STAY STRONG
PUSH ON
OVERCOME

우문현답, 35년의 길

정방선 지음

―

버티고 견디고 이겨낸
1% 직장 생활 이야기

"선배님, 요즘 직장 생활이 너무 힘들어요.
어떻게 버텨야 할지 모르겠어요."
그 순간 깨달았습니다. 나의 이야기가
누군가에게는 소중한 나침반이 될 수 있겠구나.

이 책은 화려한 성공담이 아닙니다.
한 평범한 직장인이 서툰 시작을 배우는 계기로 삼고,
현실과 타협하고, 때로는 맞서 싸우며, 그 속에서 조금씩
성숙해져 가는 진솔한 기록입니다.

저는 일의 출발점은 항상 우문현답에 있다고 생각했습니다.
"우문현답" - 우리의 문제는 현장에 답이 있다.
책상 위 보고서보다 현장에서 마주한 동료의 표정이
더 정확한 지표였습니다.

**잘하고 싶다는 마음 하나로 버텨온 시간이었습니다.
그 마음이 있었기에 모든 순간을 지켜낼 수 있었습니다.**

누구보다 뛰어났다고 자신할 순 없지만,
모든 순간 진심을 다했다고 자부합니다.
평범했지만, 결코 가볍지 않았던 35년의 세월이었습니다.
리더가 된다는 건, 누군가의 하루를
조금 덜 힘들게 만들어 주는 일이란 걸 배웠습니다.

흥분하지도 말고, 절망하지도 말고,
그저 담담하게 자신의 길을 걸어가는 것.
때로는 과감하게 소신을 관철시킬 것.
솔직하게 말할 수 있는 용기.
주변 상황에 주눅들지 말고 당당한 마음을 가질 것.

묵묵히 흘린 땀은 언젠가 천 마디 말보다
더 크게 울린다고 믿습니다.

묵묵히 걸어온 당신의 하루도,

언젠가 누군가에겐 큰 용기가 될 겁니다.

> 프롤로그

넥타이를 매며 시작된 여행, 35년의 길.

1990년 1월 29일, 스물아홉 청년이 현대자동차 성수영업소에서 양도증에 풀을 바르던 첫날부터, 2021년 두바이에서 마지막 넥타이를 풀던 날까지, 그리고 다시 남양넥스모에서 협력 업체의 길을 걸으며 2024년 12월 완전한 퇴직에 이르기까지, 35년간의 회사 생활 동안 저는 일의 출발점은 항상 '우문현답'에 있다고 생각했습니다.

우문현답: 우리의 문제는 현장에 답이 있다.

회의실에 앉아 있는 것보다 현장으로 뛰어들어 땀 냄새와 사람 사는 소리가 살아 있는 곳에서 진짜 문제를 보고, 느끼고, 풀어가는 것을 더 좋아했습니다.

서류보다 사람을 먼저 보고, 매뉴얼보다 상황을 믿으며

'몸으로 부딪히는 실천 정신'으로 일했습니다. 덕분에 생생한 현장의 이야기 속에서 공감도, 해답도 자연스럽게 따라왔습니다. 그 철학이 제 직장 생활을 지탱한 가장 단단한 중심이었습니다.

이 책을 쓰게 된 이유는 단순합니다.

어느 날 회사 복도에서 만난 후배가 던진 한 마디 때문이었습니다.

"선배님, 요즘 직장 생활이 너무 힘들어요. 어떻게 버텨야 할지 모르겠어요."

그 순간 문득 깨달았습니다. 내가 겪었던 수많은 시행착오와 깨달음이 누군가에게는 소중한 나침반이 될 수 있겠구나 하는 사실을요.

회사 생활은 결코 쉽지 않았습니다. 때로는 양도증에 풀칠하는 것 같은 단순 반복 업무에 깊은 회의감을 느끼고, 창원 같은 낯선 땅으로 밀려나는 부당함도 겪어야 했습니다. 상사와의 갈등으로 밤잠을 설치는 날들도 있었고, 진급에서 누락된 억울함에 목소리를 높이기도 했습니다. 하지만 그 모든 순간이 결국 저를 성장시키는 자양분이 되었음을, 지난 35년의 시간이 가르쳐 주었습니다.

 이 책은 화려한 성공담이 아닙니다. 한 평범한 직장인이 현실과 타협하고, 때로는 맞서 싸우면서 그 속에서 조금씩 성숙해 가는 진솔한 기록입니다. 진심을 담은 설득은 통한다는 진리, 먼저 베풀면 당당히 요구할 수 있는 자격이 생긴다는 깨달음, 인도의 뜨거운 태양 아래서 딜러들과 부딪히며 배운 현장의 지혜, 터키에서 편법 판매를 척결하며 깨달은 정직의 가치 등, 이 모든 것들이 여러분께도 작은 도움이 되었으면 합니다.

 특히 지금 회사에 다니고 있는 후배들에게 전하고 싶은 말이 있습니다. 첫 직장에서의 실망감은 당연한 것입니다. 꿈꾸던 모습과 현실이 다른 것도 자연스러운 일입니다. 중요한 것은 그 순간을 어떻게 받아들이고, 어떤 마음가짐으로 버텨내느냐 하는 것입니다.

담담하게, 소신껏, 솔직하게, 당당하게.
 이것이 제가 35년 회사 생활을 통해 지키고자 노력했던 원칙들입니다.

첫째, 담담하게 자신의 길을 걸어가는 자세.

둘째, 때로는 과감하게 자신의 소신을 관철시키는 것.

셋째, 솔직하게 말할 수 있는 용기.

넷째, 주변 상황에 주눅들지 않는 당당한 태도.

여러분도 언젠가는 넥타이를 풀게 될 것입니다. 그때 뒤돌아봤을 때, "참 보람 있는 시간이었다."라고 말할 수 있기를 바랍니다. 이 책이 그런 여정에 작은 도움이 되기를 간절히 소망합니다.

프롤로그　012

PART 1
담담하게 걸어라
어려움이 있어도 나아가는 법

1	시작은 누구나 서툴다, 그래도 견뎌라	023
2	주어진 환경에서 길을 만들어라	031
3	현명하게 대처하여 배움의 기회를 잡아라	043
4	몸으로 배우고, 마음으로 다가서라	051
5	방향이 옳다면 무모함을 두려워 마라	060
6	갈등을 디딤돌 삼아 성장하라	065
7	처음은 낯설지만, 적응하며 나아가라	074

PART 2
소신껏 선택하라
갈림길에서 두려움을 떨치는 원칙

1. 미래를 위해 두려움 없이 도전하라 — 085
2. 우문현답: 우리의 문제는 현장에 답이 있다 — 096
3. 고객의 마음은 이미지에서 시작된다 — 106
4. 경험이 길을 열고, 행동이 결과를 만든다 — 114
5. 최전선의 용사를 강하게 만들어라 — 120
6. 고객을 감동시키면 판매는 따라온다 — 126
7. 땀과 노력은 오해를 해소하는 열쇠다 — 139
8. 진심으로 이끌고, 후배의 길을 밝혀라 — 144

PART 3

솔직하게 부딪쳐라
열린 마음으로 동행하기

1	리더의 첫걸음, 마음을 얻는 일부터 시작하라	155
2	위험을 다스려 기회를 만든다	162
3	열린 마음으로 경청하라	172
4	큰 리더는 큰 배움을 준다	178
5	하면 된다는 도전 정신이 변화를 만든다	187
6	기회를 주고, 성장을 도와라	195

PART 4
당당하게 나아가라
결국 정도가 정답이다

1. 당당함은 배려에서 시작된다   205
2. 원칙을 지키는 것이 해결책이다   212
3. 판매를 한 단어로 정의해 봐라   220
4. 정직은 사람과 회사를 살린다   228
5. 세상을 넓히는 순간, 거인을 만나다   235
6. 원칙만큼 배려도 중요하다   240
7. 동반자에게 좋은 기운을 줘라   245

에필로그   259

**STAY STRONG
PUSH ON
OVERCOME**

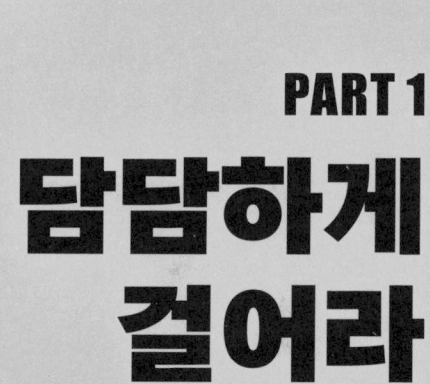

PART 1
담담하게 걸어라

어려움이 있어도 나아가는 법

어떤 길이든 굴곡이 있다.

성공에 취하지도, 절망에 빠지지도 말고 그저 묵묵히 걷자.

자신의 길이라면 주저하지 말고 끝까지 나아가라.

1

시작은 누구나 서툴다, 그래도 견뎌라

"세상은 고통으로 가득하지만, 그것을 극복하는 사람들로도 가득하다."

—

헬렌 켈러

'이게 내 인생이라고?'
현실과 기대의 괴리

1990년 1월 29일, 스물아홉 살의 나는 현대자동차 정문에 처음 들어섰다. 지금 세대에게는 상상도 못할 이야기겠지만, 그때는 '취준생'이라는 단어조차 없던 시절이었다. 대학교 과 사무실 게시판에는 각종 기업의 채용 공고가 빼곡히 붙어있었고, 우리는 마치 레스토랑에서 메뉴를 고르듯 회사를 선택할 수 있었다. 현대 그룹과 농협 시험을 동시에 준비했고, 다행히 둘 다 합격했다.

지원서에 적은 순서는 이랬다. 1지망: 현대 증권, 2지망: 현대종합상사, 3지망: 현대자동차. 그 당시는 증권 회사 열풍으로 문과생들은 1지망으로 거의 증권 회사를 지원하던 때였다. 결과는 당연히 3지망인 현대자동차였다. 인생이란 늘 이런 식으로 흘러간다. 3개월간의 신입 사원 연수를 마치고 배치받은 곳은 성수영업소 업무과. 내가 맡은 업무는 '양도증 담당'이었다. 양도증이란 차량을 구입한 고객에게 회사가 차량 소유권을 넘겨준다는 공식적인 서류다.

여기에 인지를 사서 풀로 붙이면 고객은 이 양도증으로 차량등록사업소에서 번호판을 받을 수 있었다. 하루 일과 중 대부분이 양도증 뒷면에 인지를 '풀로 붙이는' 것이었다. 대학에서 경제학을 배우고, 글로벌 기업의 임원을 꿈꾸던 내가 말이다. 며칠 후, 양도증과 풀통을 바라보며 중얼거렸다. '이게 내 인생이라고?' 드라마 속 주인공 같은 모습과는 거리가 멀었다.

실제로 입사 전까지는 완전히 다른 모습을 상상하고 있었다. 깔끔한 정장을 입고 회의실에서 프레젠테이션을 하고, 중요한 사업 계획을 세우고, 임원들과 전략을 논의하는… 마치 영화 속 한 장면 같은 모습을 그려왔다. 하지만 현실은? 매일 아침 7시까지 출근해서 인지에 풀을 발라 양도증에 붙이고, 점심 먹고 와서 또 인지에 풀을 발라 붙이고… 이것이 전부인가 하는 생각이 들었다. '대학까지 졸업하고, 이런 풀칠이나 하자고 현대차에 들어왔나?' 하는 생각에 자존심이 상했다. 대학 동기들은 은행이나 대기업 본사에서 그럴듯한 일을 하고 있을 텐데, 나만 여기서 풀칠이나 하고 있다는 실망감이 들었다. 며칠을 고민한 끝에 결론을 내렸다.

풀칠도 기초를 배우는 과정의 일부분이다. 신입 사원에게 처음부터 중요한 일을 맡기는 회사는 어디에도 없다. 능력도 경험도 없는 상태에서 큰 업무를 할 수도 없었다. 마치 운동선수가 기본기부터 차근차근 익혀야 하는 것처럼, 직장 일도 작은 일부터 시작해서 점점 큰 일을 맡게 되는 것이다.

조급할 필요가 없었다. 지금은 양도증에 풀을 바르고 있지만, 언젠가는 회의실에서 프레젠테이션을 하고, 중요한 결정을 내리는 날이 올 것이라고 믿었다. 그때를 위한 준비 과정이 바로 지금이라 생각했다. 업무에서 오는 실망감을 달래고 마음의 평안을 얻기 위한 생각의 전환이었다. 그렇게 생각을 정리하고 나니 새로운 에너지가 생겨서 '풀칠' 업무도 열심히 하게 되었다.

"이게 내 평생일까?"
시작점에서 터진 한숨

입사 초기, 또 다른 공포가 나를 덮쳤다. 매일 새벽 5시 반에 일어나 지옥철에 시달리며 출근하고 저녁에 돌아와 잠드는 일상을 30년 넘게 반복해야 한다는 사실이었다. 아침마다 '평생 이렇게 살아야 하나?'라는 생각에 사로잡혀 침대에 멍하니 앉아 있는 시간이 괴로웠다. 6개월간의 긴 고민 끝에 한 가지 결론에 이르렀다. 개인 사업이나 자영업을 하지 않는 이상, 달리 방법이 없었다. 직장인이라면 누구나 받아들여야 하는 숙명이었다. '그래, 받아들이자. 회사원으로서 내 삶에 승부를 걸어보자.' 이렇게 결정을 내리고 나니 마음속에 있던 숙제 하나가 풀리는 기분이었다.

생애 첫 월급을 손에 쥐었던 날의 기억이 선명하다. 35만 원 급여를 현금으로 찾아, '3월 급여'라고 쓴 봉투에 담아 어머니께 드렸다. 지금까지 나를 키워주신 것만으로도 감사한데, 돈 좀 번다고 용돈을 드리는 것이 건방져 보일 것 같아서였다. 어머니는 그런 내 손을 맞잡으며 말씀하셨다.

"이제 정말 어른이 다 되었구나!"

어머니의 그 한마디가 내게 큰 울림을 주었다. 직장 생활이란 단순히 생계를 꾸리는 방편을 넘어, 한 사람의 온전한 어른으로 거듭나는 여정이었다. 그 안에서 겪는 모든 시련과 좌절, 때로는 고된 시간마저도 나를 단단하게 만드는 소중한 밑거름이 되었다.

독점의 횡포

업계의 민낯과 맞닥뜨리다

1990년대, 그 시절 차량은 대부분 할부로 구입했다. 회사에서는 채권 확보를 위해 고객에게 보증 보험 가입을 요구했다. 보증 보험은 고객이 할부금을 제때 내지 못할 경우에 대비한 금융 보험이었다. 그 당시에는 대한보증보험이 보험을 받아주는 유일한 회사였고, 다른 선택지가 없어 모두 대한보증보험에 가입했다. 독점 기업이었기에 그 위세가 어마어마했다. 현대, 기아, 대우, 쌍용, 아시아 5개 회사가 모두 대한보증보험만 이용해야 했다.

각 회사 담당자들은 보험 서류를 작성해서 을지로에 있는 대한보증보험에 제출하러 직접 가야 했다. 보증 보험 담당자가 서류 검토를 하다가 이상이 발견되면 각 회사의 담당자를 부르지도 않고 이렇게 소리쳤다.
"야, 아시아! 어이, 쌍용!"
이렇게 회사명만 부르면서 작성해 온 서류를 바닥에 던지곤 했다. 이런 갑질이 매일같이 벌어지고 있었지만 대안이 없었다. 그런 수모를 감수하고 잘못된 부분을 수정해서 다시 제출해야만 했다. '아, 이런 게 독점의 폐해구나'라고 느꼈지만 대안이 없어 담당자들은 저녁 술자리에서 한탄만 하곤 했다. 그런데 변화의 바람이 불었다. 내가 이 업무를 맡고 3개월이 지났을 무렵, 한국보증보험이라는 회사가 새롭게 이 시장에 진입했다. 각 회사의 담당자들은 만세를 불렀다.
한국보증보험이 진입한 후에는 상상조차 할 수 없는 일이 벌어졌다. 잘못된 서류를 던졌던 대한보증보험이 180도 변했다. 신기할 정도였다. 경쟁의 힘이 이렇게 강력했다. 영업소에서는 대한보증이든 한국보증이든 아무 회사나 보험 가입만 하면 됐다. 영업소 담당자가 한국보증 서류를 100% 영업소에 비치하면 한국보증 가입률이 100%가 됐다. 만약 영업소에 한국보증 서류를 100% 비치한 것을 대한보증 담당자가 알게 되면 난리가 났다. 그들은 득달같이 영업소로 달려왔다.

"기분 나쁜 일이 있으셨어요? 저희가 뭐 잘못했나요? 저녁 식사라도 같이 하시죠."

명절 때는 경쟁 관계인 두 회사 담당자가 앞다투어 직원들에게 선물을 가져다주는 등 어마어마한 변화가 있었다. 이때 '독점은 반드시 횡포로 이어진다'라는 사실을 뼈저리게 깨달았다. 경쟁이 있어야 서비스가 개선된다. 나중에 임원이 되어서도 이 원칙을 잊지 않았다. 협력 업체를 선정할 때도 공정한 경쟁을 통해 결정하도록 했고, 가능하면 한 업체에만 의존하지 않으려고 노력했다.

처음 직장 생활을 시작했을 때를 떠올리면 모든 것이 서툴렀다. 신입이라는 위치 때문에 업무 이해도도 낮았고, 새로운 환경에 적응하는 것도 힘들었다. 하지만 그 시간을 버텨냈기에 지금의 내가 있을 수 있었다. 풀칠하던 그 시절이 결국 나를 단단하게 만들어준 기초 체력이 되었다. 혹시 지금 시작의 단계에 있는 누군가가 있다면, 그 서투른 시간을 끝까지 버텨내길 바란다. 시작은 누구나 서툴다. 하지만 그 서투름을 견뎌낸 사람만이 진짜 성장할 수 있다.

2

주어진 환경에서
길을 만들어라

"마음에 들지 않는 길을 걷고 있다면, 다른 길을 직접 닦아라."

―

돌리 패튼

연판장을 돌렸지만
돌아온 건 "배은망덕"

91년 하반기에 기획실 조사팀으로 발령받아 계동 본사로 출근하게 되었다. 기획실 조사팀은 10명의 팀원들이 숨죽이며 일하는 전형적인 수직적 조직이었다. 상사는 뒤에 앉아 우리의 뒤통수를 바라보고, 우리는 앞만 보며 일했다. 물리적 거리 50cm, 심리적 거리 5만km. 해외 모터쇼? 꿈같은 이야기였다. 회식비? 사비로 해결하는 게 당연했다. 3년간 이런 현실에 길들여지다 보니, 어느새 '참는 것이 미덕'이라고 스스로를 세뇌하고 있었다.

그런데 김 과장이 움직였다. 전 팀원의 서명을 받아 연판장을 팀장님께 제출했다. 우리의 요구는 단순했다. 첫째, 전 팀원 연 1회 해외 모터쇼 참가. 당시 해외 모터쇼는 팀원들에게 큰 동기 부여가 되는 포상 개념이었다. 둘째, 각 팀별로 매월 업무추진비 지급. 결과는? 재앙이었다. 팀장님은 노발대발했다.

"배은망덕한 놈들!"

팀장님의 답변이 사무실에 울려 퍼졌다. 그 순간 깨달았다. 연판장은 소통이 아니라 선전 포고였다는 것을. 연판장 제출 후 2주간, 우리 팀은 냉전 상태에 빠졌다. 팀장의 시선은 차갑고 날카로웠다. 업무 지시 한 마디조차 얼음장 같았다. 연판장은 팀장님에 대한 도전이었다. 팀장님 권위에 대한 직접적인 도전은 더 강한 저항을 불러왔다. 문제 해결은 고사하고 더 깊은 수렁으로 빠져들고 있었다. 그런데 기회가 왔다. 팀장님과 단둘이 떠나는 울산 출장. 대부분의 직장인이라면 이런 상황을 피하고 싶었을 것이다.

하지만 나는 '위기를 바꿀 수 있는 기회가 왔다'고 생각했다. 시내 횟집에서 평소 술을 못 마시는 내가 소주를 청했다. 팀장님은 의외라는 표정이었다.

"아니 정 대리는 술 못 마시잖아. 오늘 웬일이야? 무슨 일 있어?"

"팀장님, 제가 술은 못 마시지만 오늘은 딱 3잔만 하겠습니다. 3잔을 마시고 솔직하게 드리고 싶은 말씀이 있습니다."

왜 3잔이었을까? 3잔의 의미는 다음과 같다.

진심을 담은 3잔
팀장의 마음을 열다

1잔: 긴장을 풀고 마음을 여는 시간. 2잔: 진정성을 보여주는 시간. 3잔: 진심을 전달하는 시간.

술을 못 마시는 사람이 3잔을 마신다는 것. 이것 자체가 메시지였다.

나는 이런 방식으로 '이 자리가 얼마나 중요한지'에 대한 진심을 표현할 수 있다고 생각했다.

첫 번째, 인정받기.

먼저 팀장님이 내 가치를 인정하게 했다. 소주잔을 들고 조심스럽게 입을 열었다.

"팀장님, 제가 3년 동안 열심히 일한 것은 인정해 주시는지요?"

잠시 침묵이 흘렀다. 팀장님은 고개를 끄덕이며 말씀하셨다.

"정 대리, 너는 정말 열심히 일하는 유능한 직원이야. 그건 인정한다."

두 번째, 선택의 자유.

압박이 아닌 선택권을 팀장님께 드렸다. 두 번째 잔을 비우고 나서 더 진지한 목소리로 말했다.

"팀장님, 오늘 처음이자 마지막으로 요청드리고 싶은 것이 있습니다. 들어주셔도 되고 안 들어주셔도 됩니다. 어떤 결정을 내리시든 저는 지금처럼 열심히 일하겠습니다."

팀장님의 표정이 조금씩 누그러지는 게 보였다.

세 번째, 진심을 전달.

솔직하고 진지하게 건의했다. 마지막 세 번째 잔을 들고, 심호흡을 한 번 크게 하고 말했다.

"연판장에 적혀 있던 바로 그 내용과 동일한 요청을 드립니다."

순간 팀장님의 눈이 커졌다. 예상치 못한 발언이었기 때문이다. 잠시 정적이 흘렀다. 팀장님은 술잔을 내려놓고 긴 한숨을 쉬었다.

"정 대리, 사실 너희 요구 사항은 내가 다 알고 있었어. 많이 고민도 했고. 그런데 전 직원이 연판장을 돌려 협박하듯 하니까 도저히 들어줄 수가 없었어."

그러더니 갑자기 결연한 표정으로 말씀하셨다.

"알겠다. 100% 들어주겠어."

팀장님은 술도 못 마시는 놈이 3잔씩이나 마셔가며 진심으로 건의를 하는 모습에 마음이 움직였던 것이다. 마지막으로 팀장님의 체면을 세워드리는 말씀을 드렸다.

"팀장님, 한 가지만 부탁드리겠습니다. 이 건의는 제가 드린 적이 없습니다. 팀장님이 직원들을 위해 개인적으로 깊이 고민하신 끝에 내린 결정이라고 직원들에게 전하겠습니다."

팀장님의 체면도 살리고, 팀원들의 요구도 관철시키는 그 야말로 모두에게 이로운 Win-Win 말씀을 마지막으로 드렸다.

"그리고 직원들을 해외 모터쇼에 보내 주시려면 저는 맨 마지막에 가겠습니다. 직원들이 저와 팀장님이 출장 중 무슨 이야기를 나눴는지 의심할 수도 있지 않겠습니까?"

팀장님은 즉시 행동에 옮겼다. 모터쇼 스케줄 표를 가져오게 하고, 각 모터쇼마다 팀원을 배정했다. 예산도 책성했다. 동료 서 대리가 물었다.

"어제 울산 출장길에 팀장님과 무슨 일 있었어?"

"아니, 아무 일도 없었어. 팀장님이 고민 끝에 좋은 결정을 내리신 것 같아."

소주 석 잔에 담긴 진심이 비로소 통한 순간이었다. 돌이켜보면 연판장 사건으로 참으로 힘든 시기였다. 서로 반목하며 불협화음만 가득했던 부서 분위기는 살얼음판 같았다. 이 괴로운 상황을 극복하고자 깊이 고민한 끝에, 팀장님과 진지한 대화의 자리를 가졌던 것이다. 팀장님과의 대화에서 중요한 것은 요구 사항이 아닌 '소통 방식'임을 깨달았다. 연판장이 정면 돌파를 위한 도전이었다면, 마음을 나눈 소주 석 잔은 진정한 교감이었다. 사적인 자리에서 솔직하게 마음을 여는 것이 갈등을 푸는 열쇠가 될 수 있다는 값진 교훈을 얻은 경험이었다.

"김방신입니다"
유머로 위기를 넘기다

1998년 기아차 인수 TFT에 참여하면서 만난 김방신 대리의 이야기는 지금도 내게 큰 울림을 준다. 그 시절 임원들은 성격이 급했다. 욕설도 거침없이 내뱉곤 했다.

"네 머리는 장식품이냐? 머리를 집 냉장고에 두고 다니냐?"

같은 말이 일상적이었다. 김방신 대리는 매년 회장님 신년사를 쓸 정도로 문장력이 뛰어났다. 시집을 즐겨 읽는 문학 청년이기도 했다. 어느 날, 기획실장님이 급한 자료를 요청했다. 김 대리는 밤새 자료를 준비했지만, 실장님은 10분마다 방에서 나와 재촉했다.

"자료 다 됐나?"

"아직입니다."

"빨리 좀 해!"

두 번째 질문에도 김 대리가

"다 돼 갑니다."

라고 하자 실장님의 화가 조금씩 오르기 시작했다. 세 번째 질문에도 김 대리가 같은 답변을 하니, 실장님의 인내심이 바닥났다.

"이 병신아! 빨리빨리 하란 말이야!"

사무실에 정적이 흘렀다. 모두가 긴장했다. 김 대리가 어떻게 반응할지, 혹시 크게 혼날까 봐 걱정하는 시선들이 쏟아졌다. 그런데 김방신 대리의 대답은 예상을 완전히 벗어났다.

"실장님, 저는 병신이 아니라 방신입니다. 제 이름은 김방신입니다…"

순간의 정적. 그리고 터져 나온 웃음소리. 실장님마저 배를 잡고 웃으셨다.

"내가 잘못했네! 너는 병신이 아니라 방신이었지!"

김방신 대리는 위기의 순간에 화를 내거나 위축되지 않았다. 대신 자신의 이름을 활용한 재치로 상황을 완전히 바꿔버렸다. 정말 **여유로운 사람은 압박 속에서도 유머를 잃지 않는다.** 이것은 단순한 순발력이 아니었다. 마음의 여유에서 나온 지혜였다.

김 대리는 그 상황에서도 '나'를 잃지 않았다. 자신이 누구인지, 어떤 사람인지를 정확히 알고 있었기 때문에 그런 여유가 가능했던 것이다. 만약 김 대리가 실장의 질책에 움츠러들거나 화를 냈다면 상황은 더욱 악화되었을 것이다.

원형탈모와 첫 책
몸이 보낸 경고 신호

1993년, 사원 4년 차에 접어들면서 한 가지 명확한 사실을 깨달았다. '회사는 직장 생활을 가르쳐주지 않는다.' 대학교 4년 동안 전공 지식을 배웠지만, 정작 회사 생활을 잘 하기 위해 필요한 것들은 배우지 못했다. 상사에게 보고하는 법, 회의에서 발언하는 타이밍, 심지어 복사기 사용법까지도 모든 것이 시행착오의 연속이었다. 나만 그런 게 아니었다. 후배들을 보니, 그들도 나와 똑같은 시행착오를 겪고 있었다.

이것이 책을 쓰기로 결심한 이유였다. 단순한 조언집이 아니라, 실전에서 부딪히며 얻은 생존의 기술들을 체계화하고 싶었다. 평일 낮에는 회사 업무, 퇴근 후와 주말에는 집필, 그리고 고려대 야간 경영대학원까지. 스스로 만든 지옥 같은 스케줄이었다. 이렇게 몸을 혹사하면서 지내던 9월,

몸이 위험 신호를 보내왔다. 원형탈모증이었다. 계동 한국병원에서 머리에 8군데 주사를 맞으며 성취욕과 건강 사이에서 반드시 균형을 잡아야 한다는 것을 깨달았다.

즉시 우선순위를 재조정했다. 1. 경영대학원 휴학, 2. 책 집필에 집중, 3. 건강 회복.

93년 12월, 드디어 〈처음 맨 넥타이〉가 출간됐다. 솔직히 말하면, 그저 경험을 정리한 것일 뿐이라고 생각했다. 하지만 현실은 달랐다. 문화일보에서 반 페이지 분량의 인터뷰 요청이 들어왔다. 현대자동차 직원 중 처음으로 책을 낸 사람이라는 이유였다. 교육팀에서는 신입 사원 교육용으로 책을 구매했고, 연말에는 기획실 우수 사원으로 선정되어 사장님 상까지 받았다. 가장 신기했던 건 몸의 변화였다. 그렇게 스트레스 받던 원형탈모가 어느새 자연스럽게 치유되기 시작했다. 마치 몸이 '이제 됐다'라고 말하는 것 같았다. 돌이켜보면, 이 모든 과정에서 가장 큰 수확은 '결과'가 아니라 '과정'이었다.

책 출간

경험은 나눌 때 배가 된다

첫째: 불편함이 기회의 신호다.

신입 사원 시절의 그 답답함과 혼란이 없었다면, 책을 쓸 생각도 못했을 것이다. 불편함을 느끼는 순간이 누군가에게 도움을 줄 기회를 발견하는 순간이었다.

둘째: 한계는 우선순위를 가르쳐준다.

원형탈모라는 몸의 경고 신호가 무엇이 정말 중요한지 명확하게 해줬다. 모든 걸 다 하려다 보면 아무것도 제대로 할 수 없다는 걸 배웠다.

셋째: 경험의 가치는 나눌 때 배가 된다.

개인적 시행착오가 다른 사람들에게 도움이 되고, 그것이 예상치 못한 보상으로 돌아왔다.

수직적 조직 문화와 냉전 같은 분위기도, 욕설이 난무하는 직장도, 아무도 가르쳐주지 않는 신입 사원 시절도 모두 주어진 환경이었다. 하지만 그 환경을 탓하며 머물러 있지 않고 능동적으로 돌파구를 찾았을 때 비로소 길이 열렸다. 진심을 담은 소통으로 냉전을 끝냈고, 유머로 갈등을 해소하는 방법을 배웠고, 개인적 경험을 책으로 엮어 가치를 창조했다. 환경은 변명의 이유가 아니라 나를 한 단계 성장시켜 주는 밑거름이 되었다.

3

현명하게 대처하여
배움의 기회를 잡아라

"비관적인 사람은 문제를 보고, 낙관적인 사람은 기회를 본다."

—

윈스턴 처칠

갑작스러운 창원행

조직 개편의 소용돌이

1999년 말경부터 사내에 특별한 변화의 기운이 감지되기 시작했다. 처음에는 막연한 소문 정도로 여겼으나, 나중에 알고 보니 실제로 진행되고 있는 조직 개편이었다. 1998년 기아차 인수가 완료되고, 1999년에는 현대자동차서비스와 현대자동차가 합병되었다. 정몽구 회장님의 현대차 회장 취임과 함께 회사 전반에 걸친 대규모 조직 쇄신이 이뤄지고 있었다. 임원진의 교체가 마무리된 후, 중간 관리자급에도 인사이동이 예고되었다. 1999년 12월 말 팀장님이 나와 개별 면담을 요청하셨다.

"정 과장, 미안하지만 아무래도 2000년 1월부로 지방 영업소로 발령이 날 것 같네. 갑작스럽긴 하지만 조직 활성화 차원의 인사라고 하더군."

팀장님도 정확한 이유는 모르시는 것 같았다. 예기치 않은 통보에 놀랐지만, 이왕이면 가족이 있는 경기도 인근 지역이면 좋겠다는 희망을 가져 보았다. 하지만 12월 28일 발표된 인사명령지에는 '창원동부영업소 택시 판매 담당 정방선'이라는 예상치 못한 발령이 적혀 있었다. 2000년 1월 3일, 창원동부영업소로 첫 출근했다. 영업소장님도 갑작스러운 인사에 당황해 하셨다. 영업소 근처에 급히 숙소를 마련하고 새로운 환경에 적응해 갈 무렵, 일주일 만에 창원 지역 본부장님으로부터 면담 요청이 왔다.

"정 과장, 어렵게 말을 꺼내는 건데 실은 인사팀에서 자네 사직 의사를 확인해 보라는 연락이 왔네. 그리고 한 가지 더 전할 말이 있네. 작년 인사고과가 최하 등급인 D등급으로 조정되었다는 통보도 받았네."

눈앞이 캄캄해졌다. 도저히 납득할 수 없는 통보였다. 하지만 애써 침착함을 유지하며 입을 열었다.

"본부장님께서도 한 가정의 가장이시니, 제 사정을 헤아려 주시리라 믿습니다. 저 역시 어린 두 아이를 키우는 가장으로서, 갑작스러운 퇴사는 가족의 생계에 너무나 큰 타격입니다. 조금만 시간을 주시면 감사하겠습니다."

나는 혹시라도 이번 일로 본부장님께 피해가 간다면, 그때 다시 논의하겠다는 말도 덧붙였다. 본부장님은 내 처지를 이해한다는 듯 고개를 끄덕였고, 그렇게 무거운 1차 면담이 끝났다.

"아빠 왜 밤에 회사 가?"
고민의 시간과 가족의 소중함

그날 저녁 숙소에서 지난 10년간의 회사 생활을 되돌아보았다. 회사에 손해를 끼친 일도 없고, 맡은 업무에 최선을 다해왔다고 생각했다. 다만, 열심히 일한 것이 유일한 '죄'라면 죄였다. 이런 고민이 지속되면서 약 3개월간 수면 패턴이

불규칙해졌다.

 밤늦게까지 고뇌로 뒤척이다, 새벽녘에야 겨우 눈을 붙인 채 아침 7시에 출근하는 생활이 반복되었다. 영업소장님의 배려로 금요일 오후에는 가족이 있는 집으로 돌아갈 수 있었다.

 어느 날, 세 살 된 둘째 딸이 일요일 밤 10시에 창원으로 다시 내려가려고 가방을 챙기는 나를 보며 물었다.

 "아빠, 밤에 어디 가는 거예요?"

 "응, 아빠 회사에 급한 일이 생겨서 가 봐야 해."

 "에? 밤에 회사 가요?"

 "중요한 일이라서 어쩔 수 없어. 금방 다녀올게."

 고속터미널로 가는 버스 안에서 가족과 떨어져 지내야 하는 현실에 마음이 아팠다.

몸과 마음의 신호
"스트레스가 원인입니다"

 이런 생활이 석 달 넘게 지속되면서 소화에 문제가 생겼다. 매주 내과를 방문해 위장약을 복용했지만 큰 개선이 없었다. 석 달째 되던 날 의사가 물었다.

"환자분은 어떤 일을 하고 계시나요?"

"네, 그냥 평범한 회사원입니다."

"혹시 직장에서 스트레스를 많이 받는 편이신가요?"

"글쎄요, 다른 사람들과 비슷한 정도인 것 같은데요."

의사는 진단을 내렸다.

"검사 결과 신경성 위염으로 보입니다. 약도 중요하지만 무엇보다 스트레스 관리가 핵심입니다. 마음을 좀 편하게 가지시려고 노력해 보세요. 그러면 자연스럽게 좋아질 거예요."

이때부터 마음가짐을 바꾸기로 했다. '새로운 환경에서 긍정적으로 적응해 보자'라는 결심을 했다. 즉시 창원 시립 운동장으로 가서 수영과 헬스를 등록했다. 운동을 시작한 지 일주일 만에 약 없이도 컨디션이 회복되기 시작했다. 마음의 평안이 몸의 건강으로 이어진다는 것을 체감했다.

집단 행동 vs 개인 신념
소신이 만든 해법

몇 달 후 본부장님으로부터 재면담 요청이 왔다. '퇴사 최종 통보일까?' 긴장했지만, 본부장님은 밝은 표정으로 말씀하셨다.

"정 과장! 좋은 소식이야. 인사팀에서 연락 왔는데, '창원 동부영업소 택시 판매 과장'으로 정식 보직을 준다고 하네. 이제 퇴사를 안 해도 돼! 정말 잘됐다."

순간 퇴사를 안 해도 된다는 안도감이 들었지만, 신중하게 답변했다.

"감사합니다. 괜찮으시다면, 이틀 정도 생각할 여유를 주셨으면 합니다. 충분히 고민한 뒤에 말씀드리겠습니다."

본부장님은 의외라는 표정을 지으며 말했다.

"아니 왜? 이제 퇴사를 안 해도 되는데 무슨 생각을 한다는 거야? 사람 참 이상하네. 뭐, 아무튼 정 과장 생각이 그렇다면 시간을 줘야지 어쩌겠어."

그렇게 말씀하시며 내 의견을 받아들여 주셨다. 당시 유사한 상황에 있던 직원들 지방으로 발령받은 직원들이 200여 명 정도 있었다. 일부에서는 집단 대응을 논의하고 있었고, 나도 참여하라는 연락이 왔다. 하지만 개인적인 사정을 이유로 들어 참여를 거절했다.

"미안합니다. 나는 일주일에 한 번 집에 다녀오기도 힘든 상황입니다. 개인적으로 힘든 처지라 참여하기는 어렵겠습니다."

9년간 기획실에서 중요한 업무를 담당했던 만큼, 어려운 상황에서도 회사와의 신뢰 관계를 유지해야 한다고 생각했다. 며칠 후 입사 동기에게서 오해 섞인 연락이 왔다.

"야, 얘기 들었는데 네가 집단 행동을 주도하고 있다며? 정말이냐?"

순간 감정이 격해졌지만 차분하게 답했다.

"야 이놈아, 나는 창원에 내려와서 몸도 마음도 힘든 상황이지만, 그래도 합리적으로 해결하려고 노력하고 있어. 그런 얘기하기 전에 정확한 사실부터 확인하고 연락해라."

회사에서는 집단 행동에 참여하지 않겠다는 직원들에게 적절한 보직을 제안하고 있었다. 이틀 후 본부장님과의 최종 면담에서 내 생각을 솔직하게 말씀드렸다.

"본부장님, 이틀 동안 많이 고민해 봤습니다. 지금 상황으로는 그 보직을 받아들이기가 어려울 것 같습니다."

그리고 구체적인 이유를 설명했다.

"제가 집단 행동에 참여하지 않는 것이 확인되니까 이런 보직을 제안하는 것 같습니다. 제 능력이나 가정 사정은 전혀 고려하지 않고, 그냥 '일단 아무 보직이나 줄 테니 받아라.' 이런 식으로 느껴집니다. 제가 너무 욕심을 부리는 건지 모르겠지만, 개인의 역량과 가정 상황을 좀 더 종합적으로 고려해 주셨으면 합니다. 가능하다면 가족이 있는 수도권으로 보직을 주시면 정말 감사하겠습니다."

본부장님도 내 이야기를 듣고 나서 상황을 이해하며 답변하셨다.

"정 과장 이야기를 듣고 보니, 나도 자네와 같은 처지라면 똑같은 선택을 했을 거야."

면담을 마치고 2개월 후, 본사 인사실장님으로부터 연락이 왔다.

"6월 1일부로 서울 영동영업소로 발령이 날 예정이다. 그동안 고생 많았다."

> 창원에서 보낸 5개월은 내게 위기 상황에서 소신을 지키는 태도가 얼마나 중요한지 가르쳐 주었다. 스트레스와 고통이 몸과 마음을 힘들게 할 수 있다. 그러나 마음가짐을 바꾸고 건강한 활동을 통해 고난을 극복할 수 있다. 단기적인 이익에 굴복하지 않고 자신의 가치와 존엄을 지키며 인내할 때, 결국 더 나은 결과를 얻을 수 있다.

4

몸으로 배우고,
마음으로 다가서라

"왜 우리가 넘어지나요? 스스로 일어나는 법을 배우기 위해서입니다."

―

알프레드 페니워스

새로운 도전
최우수 영업소를 향한 첫걸음

창원에서 5개월간의 특별한 경험을 마치고, 2000년 6월 1일 강남 영동영업소 업무 과장으로 새로운 출발을 하게 되었다. 영동영업소는 직원 25명, 월 판매 목표 120대로 규모가 큰 영업소 중 하나였다. 업무 과장이라는 새로운 역할을 맡으며 적극적으로 업무를 배워 나갔다. 직원들에게 다양한 질문을 하고 6개월간 현장에서 온몸으로 부딪쳐 나갔다. 이런 노력 덕분에 시간이 지나면서 서서히 판매에 대한 자신감이 생기기 시작했다. 당시 강남에는 24개 영업소가 있었는데, 영동영업소는 2000년 말 23위라는 아쉬운 성과를 기록했다. 2001년 1월 첫 팀장 회의에서 포부를 밝혔다.

"올해 영동영업소가 강남지역본부에서 1등을 달성해 봅시다! 판매 목표 100% 달성을 위해 제가 있는 힘껏 지원하겠습니다. 모두가 한마음으로 최고의 영업소를 만들어 봅시다!"

영업 사원들의 주요 요청 사항은 두 가지였다. 첫째는 신속한 차량 출고당시 차량을 받으려면 몇 개월의 대기가 필요했다, 둘째는 추가 할인 혜택이었다. 신속한 출고와 추가 할인은 영업소 단독으로는 불가능했고, 본사의 승인이 필요한 사안이었다. 이를 해결하기 위해 적극적으로 인적 네트워크를 구축하고 6개월간 현장에서 발로 뛰었다.

그 당시 영업 사원들에게는 차량 출고를 빨리 해 주는 것이 가장 중요한 사안이었다. 차량을 계약하고 6~8개월을 기다리라고 하면 고객들은 타 업체 차량을 구매하는 상황이었다. 이를 해결하기 위해 본사 담당자들을 하루가 멀다 하고 찾아가 부탁을 하곤 했다. 본사에 들어가면 각 영업소의 담당자들이 차량 긴급 출고 부탁을 위해 인산인해를 이루고 있었다. 나는 차량 출고를 담당하는 본사 선후배 직원들에게 진심으로 다가갔다. 단순히 부탁만 하는 것이 아니라, 그들의 업무 고충도 들어주거나 소소한 간식도 챙기며 인간적인 유대를 쌓으려 노력했다.

꾸준한 노력 끝에 담당자들도 적극적으로 지원해 주기 시작했다. 차량 출고를 타 영업소에 비해 빨리 해 주게 되자 영업 사원들도 자신감을 갖기 시작했다. 고객과 계약할 때에는
"영동영업소는 강남의 본사예요. 가장 빨리 출고시켜 드릴게요!"
라는 농담을 할 정도가 되었다.

진심이 닿는 순간
벽을 허물다

직원들이 요청하는 추가 할인 건은 본사 담당자에게 할인 요청을 해야 했다. 처음에는 담당자들에게 추가 할인 부탁

의 말이 입에서 나오지 않았다.

왜냐하면 기획실에서 9년간 일하면서 타 부서에 부탁을 해 본 적이 없었기 때문이다. 그러나 직원들의 영업을 지원하기 위해 어렵게 입을 떼어 요청하기 시작했고, 이 일은 직원들이 가장 원하는 사안이기도 했다.

이렇게 차량 출고와 추가 할인 관련한 직원들 요청을 해결해 주면서 공감대를 형성해 나갔다. 시간이 지나면서 직원들도 이런 노력을 알아주기 시작했고, 진심으로 나를 믿고 따르게 되는 계기가 되었다. 그리고 그동안 체질적으로 맞지 않아 피해왔던 술자리에도 참여하기 시작했다. 영업사원들이 업무 과장의 회식 참석이 팀워크에 중요하다고 요청했기 때문이다. 소주 반 잔으로도 힘들어했지만, 직원들과의 소통과 신뢰 구축을 위해 극복해야 할 과제로 받아들였다.

"업무 과장님, 천천히 조금씩만 마셔도 돼요. 함께해 주시는 것만으로도 충분히 감사해요."

시간이 지나면서 서로 간의 배려심은 깊은 신뢰로 쌓여갔다. 이러한 노력의 결실로 영동영업소는 2001년, 2002년 2

년 연속 우수영업소로 선정되는 쾌거를 달성했다. 강남 지역 최고 업무 과장이라는 인정도 받게 되었다.

회식비 논란
일주일 휴가로 응답하다

2003년 1월에 영동영업소 소장님이 바뀌게 되었다. 새로 부임하신 소장님은 해병대 출신의 강골 성격이었다. 그런데 부임한 지 1개월 뒤 금전과 관련해 마찰이 생겼다. 2000년 6월에 처음 영동영업소에 왔을 때는 지점 예산이 적자가 난 상태였다. 이 때문에 직원들이나 본사 직원들과 식사 자리가 있으면 사비로 지불했다. 1월 월말 마감을 하니 밤 9시가 다 되어 가고 있었다. 직원 중에 육류를 못 먹는 직원이 있어 횟집에서 업무과 직원들과 마감 회식을 하고 있었다. 회식 중에 영동영업소 직원과 본사 후배들도 참석하여 식사 비용이 평소보다 조금 많이 나왔다. 영업소에 온 이후 처음으로 법인카드로 계산하고 회계 담당에게 지점 예산으로 처리하라고 했다.

다음 날 아침, 회계 담당 직원이 소장님의 전화를 받고 안절부절못하는 모습을 보고 무슨 일인지 물어봤다. 소장님이 전화로 어제 저녁 식사 비용에 대해 굉장히 화를 내셨다고 했다. 곧바로 나에게도 전화를 하셨다.

"도대체 어떻게 된 거야? 왜 이렇게 식사 비용이 많이 나왔어? 지점 예산을 개인 용돈처럼 함부로 써도 되는 거야?"

"죄송합니다. 식사 도중에 직원들과 후배들이 합류하게 되면서 비용이 예상보다 많이 나왔습니다. 사실 제가 영동영업소로 온 지 2년 만에 처음으로 지점 예산을 사용한 것입니다."

자초지종을 상세히 설명드렸다. 그런데도 불구하고 계속 화를 내시면서 나무라셨다. 얘기를 계속 듣다 보니 나도 화가 나기 시작했다. 2년간의 헌신을 단순히 예산 낭비로 치부하는 듯한 말투에 그동안 쌓여온 서운함이 폭발하며 도저히 참을 수 없는 지경까지 됐다. 결국 어제 저녁 식사 비용을 사비로 회계 담당 직원에게 주며 예산을 채워 놓으라고 했다.

그리고 내일부터 일주일 동안 휴가를 낼 것이니 그렇게 처리하라고 말하고 퇴근해 버렸다.

원칙이라 믿었지만
고집이었다

  나는 돈에 관해서는 알레르기 반응을 보일 만큼 투명하고, 공정하게 사용해야 한다고 생각하고 있었다. 소장님이 직원들과 식사한 것을 두고 이렇게 심하게 나무라는 것을 이해할 수 없었다. 집으로 돌아와 일주일 동안 집에 머물고 있으니 아내가 조심스럽게 물었다.

  "여보, 회사에 무슨 큰일이라도 난 거예요? 왜 이렇게 갑자기…."

  사전 연락도 없이 갑자기 일주일이나 휴가를 내고 출근을 안 했으니, 아내가 걱정하는 것도 무리가 아니었다.

  "아니야, 별일 없어. 그냥 너무 피곤해서 좀 쉬고 싶어졌어."

  대충 얼버무리면서 일주일을 보냈다. 다음 주 월요일 아침 7시에 출근하니 소장님이 나를 불렀다.

  "정 과장, 내가 회식비 때문에 한소리 했다고 그렇게 화를 내? 돈까지 반납하고 일주일이나 휴가를 써버린 거냐?"

  소장님의 날선 질문에 잠시 생각에 잠겼다. 반항하는 것처럼 보일까 망설여졌지만, 솔직하게 말씀드리기로 했다.

"네, 그렇습니다."

"아무리 내가 그런 식으로 말했어도, 돈을 반납하고 일주일씩이나 휴가를 쓴 네 행동은 잘못된 거야."

"순간적으로 너무 화가 나는 바람에 '욱'해서 행동했습니다. 잘못했습니다. 진심으로 사과드립니다."

그러자 소장님도 고심이 깃든 표정을 지으시면서 얘기를 꺼내셨다.

"나도 일주일 내내 잠이 안 오더라. 내가 왜 사소한 일에 그렇게 화를 냈는지 많이 후회했네."

그날 저녁 소장님과 식사하면서 서로 간에 사과를 하며 예산 해프닝은 마무리되었다. 지금 돌이켜보면, 그때의 나는 **'원칙'**과 **'고집'**을 구분하지 못했던 것 같다.

원칙: 돈은 투명하고 공정하게 사용해야 한다.
고집: 내 방식이 무조건 옳다.

새로운 역할을 맡았을 때는 몸과 마음을 던져 현장에 뛰어들어야 한다. 자신의 한계나 불편함을 핑계 삼지 말라. 진심 어린 노력을 통해서만 팀원들의 신뢰를 얻고 함께 목표를 달성할 수 있다. 모든 일을 할 때 원칙은 지키되, 방법은 유연해야 한다. '옳은 일을 하는 것과 옳은 방법으로 하는 것'은 다르다. 그것이 진정한 성숙함이다.

5

방향이 옳다면
무모함을 두려워 마라

"운명은 대담한 자를 편든다."

—

버질

좌절된 승진 기대
용기로 신청한 면담

창원에서 어려운 시기를 버텨내고 지점을 우수영업소로 만든 성과 덕분에 영동영업소 소장님은 내게 높은 고과를 주셨다. 2002년 말, 드디어 정기 승진 인사가 발표되었다. 솔직히 '이렇게 열심히 했으니, 이번에는 차장으로 진급할 수 있지 않을까' 내심 기대하고 있었다. 하지만 발표된 승진

자 명단에 내 이름은 없었다. 주위 동료들 모두 의외라며 나보다 더 아쉬워했다. 나 역시 허탈했지만, 받아들여야만 하는 현실이었다. 그런 나를 위해 동료들이 위로의 자리를 마련해 주었다.

"위로주라도 한잔합시다!"

"그래, 그거 좋다. 오늘은 한번 제대로 마시자."

저녁 6시 식사 시간 전까지 몇 시간 동안 여러 생각을 곱씹었다. '그냥 넘어가도 되지만, 한 번은 내 상황을 제대로 말해봐야겠다.'라고 결심했다. 양재동 인사과장에게 전화를 걸어 창원에서의 경험과 현재 상황을 설명하며 인사실장 면담을 요청했다. 마음 한편으로는 '이렇게까지 하는 게 맞나?' 싶기도 했지만, 내 나름대로는 정당한 요청이라고 생각했다. 인사실장님께 보고 후 답변을 달라고 말하고 전화를 끊었다. 위로 회식이 한창이던 저녁 8시경, 인사과장에게서 연락이 왔다.

"내일 아침 10시까지 양재동 본사로 들어오세요. 인사실장님이 면담하시기로 했습니다."

정당한 주장에는
정당한 절차가

다음날 양재동 본사에서 인사실장님과 면담을 했다. 그 자리에서 내 생각을 솔직하게 말씀드렸다.

"창원 근무 당시 받은 인사고과 D에 대해 재검토를 부탁드립니다. 택시 판매 담당으로 근무할 때 정식 과장 보직도 없는 상황이었고, 나름대로 최선을 다했다고 생각합니다. 5개월간 생활이 쉽지 않았지만 열심히 했는데, 왜 이런 결과가 나왔는지 설명을 듣고 싶습니다."

"자네 고과를 보니 D도 있지만, 2년 연속 A를 받았더군. 이번에는 정말 근소한 점수로 누락되었네. 안타깝게 됐어."

"그렇다면 지금이라도 상황을 고려해 추가 승진을 검토해주시면 안 될까요?"

조심스럽게 승진 재검토를 요청했지만, 어렵다는 답변이 돌아왔다.

"대신 영동영업소에 1년 더 있거나 일산영업소으로 옮길 수 있게 해주겠네."

진급 누락 보상 차원에서 선택권을 주신 것이었다. 나는 일산영업소 전보를 요청하고 면담을 마쳤다. 나중에 들은 이야기로는 '영업소 업무 과장이 인사실장님께 자신의 요구를 당당히 말하고 간 일이 있었다'는 소문이 돌았다고 한다. 그냥 진급 누락을 받아들이고 넘어갈 수도 있었다. 하지만 창원에서의 기억들이 자꾸만 떠올랐다. 퇴사 압박을 받으며 잠 못 이루던 밤들, 소화불량으로 먹던 위장약, 매주 왕복해야 했던 고속버스, 그리고

"아빠는 왜 밤에 회사 가요?"라고 하던 세 살배기 딸의 순진한 질문까지….

'이런 일들을 겪고도 그냥 조용히 있어야 하나?' 곰곰이 생각한 끝에, 정당한 절차를 통해 내 의견을 전달하기로 한 것이었다. 지금 돌이켜보면 다소 용기가 필요한 일이었지만, 후회하지 않는다. 때로는 자신의 목소리를 내는 것도 필요하다고 생각한다.

부당한 처우를 받았을 때는 침묵하지 말고 정당한 절차를 통해 당당하게 목소리를 내야 한다. 그러나 도를 넘어서는 안 된다. 설령 원하는 결과를 얻지 못하더라도 자신의 입장을 명확히 전달하는 것만으로도 의미가 있다. 때로는 용기 있는 한 사람의 행동이 조직 전체에 긍정적인 변화를 가져올 수도 있다.

6

갈등을 디딤돌 삼아 성장하라

" 어려움 속에서 기적이 자란다. "

—

장 드 라 브뤼예르

3개월 만의 또 다른 발령

천국에서 지옥으로

2003년 초, 일산영업소로 근무지를 옮기게 되었다. 일산 집에서 강남 영동영업소까지 왕복 80km를 3년간 출퇴근했다. 퇴근 시간에는 2시간이 걸릴 정도로 교통 체증이 심했다. 그런데 출퇴근 거리가 집에서 2분인 일산영업소는 정말 천국과 같은 근무 환경이었다. 판매에도 자신감이 붙었고,

영업 사원들과 친밀감을 쌓으며 업무에 빠르게 적응해 가고 있었다. 그런데 3월 말 어느 날 저녁, 소장님이 청천벽력 같은 소식을 전해주었다.

"정 과장, 내일 자로 인천 동부 판촉과장으로 인사 발령이 난다고 하네."

도저히 믿을 수 없었다.

"소장님, 일산영업소에 온 지 겨우 3개월밖에 안 됐습니다. 이런 갑작스러운 발령은 받아들이기 어렵습니다."

그러자 소장님과 함께 계시던 서북부 지역 본부장님이 전화를 바꿔 받으셨다.

"정 과장, 지역본부 판촉과장이 얼마나 중요한 자리인 줄 아나? 전국에 24명뿐이야. 그 당시 전국에 24개 지역본부가 있었다. 아무나 보내는 자리가 아니고 유능한 인재만 골라서 보내는 자리라고. 자네 미래를 생각해서라도 이 기회를 놓치면 안 되네."

본부장님은 진심으로 나를 위로하고 격려해주셨다.

'인천 동부 판촉과장 정방선.' 한참을 그 명령서를 보면서 '회사는 왜 나를 이렇게 괴롭히는가'라고 한탄했다. 그때 내 심정이 바로 그랬다. 직장인에게 무슨 다른 선택이 있겠는가? 발령이 나면 가야만 했다. 내키지 않는 마음으로 인천 계양구에 있는 인천동부지역본부로 출근했다. 하지만 마음은 여전히 일산영업소에 대한 미련을 버리지 못하고 방황하고 있었다. 그러다 보니 업무를 제대로 챙기지 않은 채 한 달을 흘려보냈다.

제주도 여행의 후폭풍
"정신상태가 틀렸다"

판촉과장으로 부임한 지 한 달 뒤, 아내의 고교 동창들이 3년 전에 가입했던 제주도 여행 적금이 만기가 되었다. 부임한 지 40일밖에 안 된 시점이라 잠시 고민했지만 본부장님께 말씀드리고 2박 3일 제주도 여행 허락을 받았다. 지금 생각해보면, 굉장히 못마땅한 표정으로 마지못해 허락하는 기색이셨다. 어쨌든 나는 2박 3일 제주도 여행을 다녀와 업무에 복귀했는데, 아침부터 사달이 나기 시작했다.

"정 과장, 영업소장 회의 자료 제대로 점검했어? 회의 참석 전화는 자네가 직접 했고? 회의 자료는 왜 이렇게 틀린

부분이 많아?"

아침부터 퇴근 때까지, 본부장님은 하루 종일 업무에 대해 지적하며 화를 내셨다. 평소에 그런 분이 아니셨기에 의아하게 생각하던 차에, 저녁 5시경 나를 다시 호출하셨다.

"판촉과장이 어떤 자리인 줄 모르나? 가정도 버린다는 각오로 일에 매달려야 하는 자리라고! 그런데 제주도 여행이나 다녀오고…. 정신상태가 글렀어."

그동안 마음에 담아 두었던 말씀을 전부 쏟아 내셨다.

잘못을 인정한 용기
각오와 변화의 시작

'아! 역시 그랬구나. 내가 찜찜하게 생각했던 부분을 정확하게 지적하셨다.' 그리고 저녁에 영업소 회식에 나와 함께 갈 테니 준비하라고 지시하셨다. 차 안에서 또다시 나의 업무 태도와 제주도 여행에 대해 언급하시며 질책하기 시작했다. 아침부터 저녁까지 이어지는 꾸지람에 마음이 점점 무거워졌다. '이러면 안 되겠다'라고 생각하고 솔직하게 말씀드렸다.

"본부장님, 지난 3년간 왕복 80km 거리를 출퇴근했습니다. 그러다 출퇴근 거리가 2분인 일산영업소로 옮기게 되어 정말 좋았습니다. 그런데 겨우 3개월 만에 인천 동부 판촉과장으로 발령이 나니 아쉬운 마음이 너무 컸고, 솔직히 사무실에 출근하기도 싫었습니다. 그런 마음 때문에 업무를 제대로 챙기지 못했습니다. 모두 제 잘못입니다. 내일부터는 본부장님 말씀대로 가정을 버린다는 각오로 판촉과장 역할을 충실히 수행하겠습니다. 그러니 오늘의 꾸지람은 여기서 멈춰 주십시오."

갑작스러운 내 말에 본부장님은 순간 당황하는 기색이 역력했다. 잠시 고민하시더니 말씀하셨다.

"그래, 정 과장이 그렇게 말하니 오늘은 여기서 마무리하지. 앞으로 어떻게 하나 지켜보겠어."

그렇게 아침부터 본부장님의 지적과 꾸지람으로 시작된 이날의 소동은 일단락되었다. 퇴근해서 아내에게 속옷과 와이셔츠, 양복 일주일치를 챙겨 달라고 말했다.

"여보, 평일에는 회사 근처에서 자고 금요일 저녁에 집에 올게."

아내는 놀라며 왜 그러냐고 이유를 물었다.

"본부장님이 판촉과장은 가정을 버릴 각오로 일하는 자리라고 말씀하셨어. 본부장님 말씀을 따르기로 결심했어!"

아내는 나의 결정을 이해하기 어려웠지만, 내가 하겠다고 하니 의복을 준비해주었다. 월요일 아침 6시에 출근해서 모든 업무를 챙기기 시작했다. 모든 회의 자료는 회의 하루 전에 완벽하게 작성해서 본부장님께 보고드렸다. 그리고 매월 판매 목표 100% 이상 달성하기 위해 늦은 저녁까지 업무에 매달렸다.

본부장님을 모시고 영업소를 방문할 때는 다음 날 업무를 위해 술은 조금만 마셨다.

"소장님, 본부장님을 잘 모셔주십시오."

당부의 말씀을 드리고 회식 자리에서는 9시에 먼저 자리를 떴다. 근처 찜질방에서 잠을 청하고, 다음 날 아침 6시에 출근해서 그날 해야 할 일들을 점검하는 생활을 반복했다.

작은 예산, 큰 배려

핸드크림 40개가 만든 미소

 이런 노력 덕분에 인천동부지역본부는 2개월 연속 전국 최우수 지역본부로 선정되었다. 50만 원 포상금을 두 달 연속 받게 되었다. 그동안 지원해준 본사 담당자들에게는 20만 원 상당의 작은 선물을 보냈다. 10만 원은 지역본부 직원들 회식비로, 남은 20만 원으로는 영업소에서 차량 출고를 위해 고생한 여직원들에게 감사 선물을 하기로 했다. 당시 출고 담당 직원은 대부분 여성이었다. 그런데 40명이나 되는 직원에게 20만 원으로 어떤 선물을 할지가 고민이었다. 부서 내 여직원에게 자문을 구했다.

 "핸드크림 어때요? 5천 원짜리로요. 브랜드에 상관없이 여직원들이 다 쓸 수 있잖아요."

 나도 이에 동의하고 핸드크림 40개를 구입했다. '여러분들이 한 달 동안 정말로 애써주신 덕분에 인천동부지역본부가 전국 1등을 달성했습니다. 헌신적인 노력에 진심으로 감사드립니다'라는 메시지를 핸드크림 포장 겉면에 붙여 각 영업소로 보냈다. 다음 날 선물을 받은 여직원들이 사내 메신

저를 통해 감사 인사를 보내오기 시작했다.

"와, 입사한 지 20년이 됐는데 이런 선물을 처음 받아봐요! 제 노력을 알아주시니 정말 감사합니다."

여직원들이 고마워한 것은 5천원짜리 핸드크림 자체가 아니었다. 자신의 노고를 누군가 알아봐 주었다는 사실에 대한 고마움의 표시였고, 이는 곧 자부심으로 이어졌다. 사람은 누구나 윗사람으로부터 인정받으면 사기가 오르는 법이다. 핸드크림이라는 작은 선물로 최고의 효과를 본 이벤트였다.

신뢰 회복
예상치 못한 이별

이때부터 본부장님은 나를 전폭적으로 신뢰하며 소신껏 일할 수 있는 환경을 만들어 주었다.

"정 과장, 아직도 주중에 찜질방에서 자나? 그동안 최우수 지역본부 만드느라 고생 많았어. 그리고 이 사람아, 판촉 과장은 가정을 버릴 각오로 일하는 자리라고 했지. 언제 찜질방에서 자라고 했나? 나를 못된 상사로 만들 작정인가."

이런 농담을 건넬 정도로 본부장님과 나는 깊은 신뢰를 쌓아가고 있었다. 그리고 이제는 집에서 출퇴근하라는 말씀을 듣고 2개월간의 찜질방 생활도 끝이 났다. 그런데 연말, 본부장님은 회사로부터 갑자기 면직 통보를 받으셨다. 그날 점심, 전 직원이 모인 송별식 자리가 마련되었다. 송별주를 한 잔 드시며 말씀하셨다.

"내가 아직 애들이 어려서 몇 년은 더 다녀야 하는데…. 이게 뭔가 싶네."

그 말을 듣는 순간, 참았던 눈물이 쏟아져 도저히 그 자리에 있을 수 없었다. 자리를 박차고 나왔다. 본부장님은 자신이 아끼던 골프채 세트를 나에게 퇴임 선물로 주시며, 시간 날 때 골프를 배워두라는 마지막 말씀을 남기고 쓸쓸히 회사를 떠나셨다.

> 돌아보면 그때 업무를 소홀히 했던 점은 잘못된 처신이었다. 출퇴근 거리는 모든 직장인이 감수해야 할 부분인데, 나만 생각하며 조직이 요구하는 의무를 저버렸던 것이 후회된다. 세상을 살아가면서 누구나 실수도 하고 잘못도 할 수 있다. 그러나 잘못을 인정하고 개선하려는 노력이 중요하다는 것을 배운 소중한 시간이었다.

7

처음은 낯설지만, 적응하며 나아가라

" 당신이 할 수 없다고 생각하는 그 일을 해야 한다. "

—

엘리너 루스벨트

문화의 첫 벽

원샷을 거부한 팀장들

처음 인도 주재원으로 근무할 때 인도 문화를 이해하지 못해 생긴 해프닝이 있었다. 2007년 7월 4일 콜카타Kolkata에 부임해서 팀장들과 처음 저녁 회식을 했다. 시원한 맥주잔을 들고 건배 제의를 하면서

"원샷one shot! 바텀즈 업bottoms up!"

이라고 외쳤다. 그런데 대부분의 팀장들이 마시지 못했다.
"팀장들이 맥주 한 잔도 원샷을 못 하나?"
팀장들이 말했다.
"시간을 주시면 천천히 마시겠습니다."

처음엔 이를 이해하지 못하고 팀장들이 패기가 없다고 생각했다. 나중에 인도 사람들에 대해 무지했다는 것을 알게 되었다. 인도는 날씨가 너무 덥기 때문에 찬물이나 차가운 맥주를 마시지 않는다. 어떤 음료든 미지근한 상태room temperature로 마신다. 왜냐하면 50도나 되는 뜨거운 날씨에 갑자기 찬 것을 마시면 탈이 나기 때문이다.

이런 사실을 뒤늦게 알고서는 팀장들에게 다시는 원샷을 강요하지 않았다. 인도 직원들에게는 미지근한 맥주를 별도로 주문하도록 했다. 이렇듯 해외 주재를 할 때는 그 나라 사람들의 특징과 관습을 알고 대처해야 한다는 것을 배울 수 있었다.

얼굴은 인도인
마음은 한국인

2015년 11월에 인도 판매 본부장으로 인도 주재를 두 번째 나갔다. 인도로 가기 전에 폴란드 법인장 1년, 터키 판매실장 2년을 마치고 곧바로 인도로 주재지를 옮겼다. 각 주재국에서도 일주일에 3일씩은 출장을 다녔다. 그렇지 않아도 검은 얼굴이 더 타서 내 얼굴은 현지인으로 오해받을 만큼 피부가 검게 탔다. 인도 주재 두 번째 때도 우문현답 우리의 문제는 현장에 답이 있다. 정신을 가지고 전 지역으로 출장을 빈번하게 다니고 있었다. 하루는 남부 벵갈루루 Bengaluru 출장을 마치고 공항에서 체크인을 하려고 기다리고 있었다. 그런데 공항 안내 직원이 이렇게 물어보는 것이었다.

"압 카한 자 레헤 헨 Aap kahan ja rehe hen?" 어디로 가시는 겁니까?

이렇게 몇 번을 나에게 물어보았다. 나는 처음에 무슨 말을 하는지 알아들을 수가 없었다.

몇 번을 듣고 나서야 '아, 이 사람이 나를 인도 사람으로 알고 이렇게 물어보는구나.' 하고 생각했다. 나는 천천히, 그리고 정중하게 말했다.

"I am not INDIAN, I am KOREAN."

같이 출장 간 인도 직원이 이 광경을 보면서 배꼽을 잡고 웃으며 이렇게 말했다.

"Sir, Congratulations. Your face became globalized."
이사님, 축하드립니다. 이제는 얼굴도 국제화가 되었습니다.

이런 순간도 내가 현장을 누비며 얻은 훌륭한 훈장이라 생각하면서 즐거운 마음으로 받아들였다.

'만땐'의 정체
인도식 영어와의 만남

처음 인도 영어를 들으면서 힌디어인지 영어를 하는지 도저히 알아들을 수가 없었다. 한 회의에서 인도 직원이

"만땐 만땐."

이렇게 말하는데 도대체 무슨 말인지 알아들을 수가 없었다. 인도에 몇 년을 근무했던 한국 주재원에게 물어봤다. 이 직원도 몇 번을 생각하더니 인도 직원을 불러서 물어봤다.

"회의 때 '만땐'이라고 얘기하는 것이 영어로 '먼스 엔드 Month End'를 말하는 것이냐?"

"네, 맞습니다."

'먼스 엔드Month End'를 인도식으로 줄여서 빨리 말하다 보니 이렇게 들렸던 것이다. 이런 식의 인도 영어가 흔했지만, 처음 인도에서 근무하는 나에게는 들릴 리가 만무했다.

다른 예를 들어보면 '나는 우리나라에 공헌을 하고 싶다'라는 영어 표현은 'I would like to contribute to my country.'인데 한국말로 하면

"아이 우드 라이크 투 컨트리뷰트 투 마이 컨트리."

라고 발음한다. 그런데 인도 사람들은

"아드 라이끄 꼰뜨리뷰투 투 마이 꼰뜨리."

라고 발음한다. 또한, 인도는 영국 식민지였던 시절이 오래되어 영국식 영어도 쓴다. 스케줄schedule은 '씨줄'로 발음하고, 피리어드period는 '테뉴어tenure'로, 플레이스place는 '베뉴venue'로 표현한다. 이런 말을 처음 듣게 되면 힌디어로 들린다.

하지만 시간이 지나면서 적응이 되자 인도 영어가 오히려 익숙해졌다.

> 처음 겪는 환경은 누구에게나 낯선 법이다. 그러나 이에 적응하려는 노력을 한다면, 그리고 그 나라의 문화를 이해하고 받아들이면 편해진다. 처음에는 적응하기 어려웠던 인도였지만, 그곳에서의 경험은 나에게 새로운 눈을 뜨게 해준 고마운 선물이었다.

> 퇴근 후 이야기

베르나(Verna) 팔기 전에
고객을 알아야 했다

문산지점장으로 재직 중이던 2005년에 신형 베르나Verna가 출시되었다. 그런데 출시 직후부터 판매 부진이 계속되면서 매일 판매 독려 압박이 심해졌다. 매일 아침 조회 때마다 베르나 실적을 점검하고 판매 증대 방안에 대해 팀장들과 논의해야 했다.

어느 날 아침 조회시에 한 직원이 손을 들고 발언을 했다.

"지점장님, 베르나는 판매하기 어려운 차종입니다."

"왜 판매가 어려운가?"

"고객들에게 신형 베르나가 출시됐다고 말도 꺼낼 수 없습니다. 베르나라고 말을 꺼내면 고객이 화를 내면서 나가라고 소리를 지릅니다. '아침부터 재수 없게 뭘 배리냐? 너 내 장사 배리려고 하냐?' 이렇게 고객들이 반응하기 때문에 말도 못 꺼냅니다. 그러니 차를 팔 수가 있겠습니까?"

고객들은 '베르나'를 '장사를 망치다, 접다, 그만두다'라는 식으로 받아들였던 것이다. 기가 막힌 고객 반응이었지만 이게 현실이니 갑갑한 노릇이었다. 회사에 이런 고객 반응을 얘기하고 시정을 요청했다. 내 요청이 반영됐는지는 알 수 없지만 어쨌든 후속 차종은 차명이 "액센트 Accent"로 변경되었다.

**STAY STRONG
PUSH ON
OVERCOME**

PART 2
소신껏 선택하라

갈림길에서 두려움을 떨치는 원칙

미래는 누구도 가보지 않은 길이다.
두려운 마음을 떨치고 과감히 도전하라.
용기를 갖고 행동으로 옮기고,
현장에서 흘린 땀과 노력으로 길을 개척하라.

1

미래를 위해
두려움 없이 도전하라

" 잔잔한 바다는 유능한 뱃사람을 만들지 않는다. "

—

아프리카 속담

해외 주재원의 꿈

인도행 결정과 닥쳐온 시련

국내영업본부에서 계속 근무하면 내 미래는 어떻게 될까 생각해 봤다. 내 미래는 뻔했다. 일주일에 3~4일은 술을 마셔야 하고, 주말에는 피곤해서 집에서 잠만 자며, 그래도 열심히 하면 임원으로 승진해서 3~4년 정도 근무 후 퇴직하는 삶이 될 터였다. 개인적인 발전 없이 직장 생활을 마친다고 생각하니 뭔가 변화가 필요했다. 한편으로는 두 딸들에게도 해외에서 공부할 기회를 주고 싶었다. 이런 마음으로 2년 동안 해외 주재원을 신청했으나 인사팀에서 연락이 오지 않았다.

'아, 해외 주재원은 안 되는가 보다.'라고 생각하고 문산지점장 역할에 충실하기로 마음을 정했다. 그러던 차에 2007년 2월, 평소에 알고 지내던 양재동 본사의 상무님께 전화가 왔다.

"정 차장, 인도 판매 주재원 1명을 긴급하게 모집하는데 의사가 있나?"

전화를 받는 순간 심장이 두근거렸다. 2년 동안 기다렸던 기회가 마침내 온 것이었다. 하지만 '긴급하게'라는 단어가 마음에 걸렸다. 뭔가 예상과 다른 상황인 것 같았다. 3일 후 인도 법인장님과 면접을 했다. 법인장님은 첫 마디부터 예사롭지 않았다.

"솔직히 말하겠습니다. 인도 동부 지역 콜카타 Kolkata는 가장 낙후되고 살기 힘든 곳입니다.
이런 곳에 가서도 판매할 수 있는 각오가 되어 있습니까?"

법인장님이 날카로운 눈빛으로 나를 관찰하시는 것 같았

다. 이런 직설적인 질문을 받을 줄은 몰랐다. 잠시 숨을 고른 후 확신에 찬 답변을 했다.

"네, 저는 어떤 곳에 가든지 판매만큼은 자신 있고, 또한 반드시 잘할 수 있습니다."

면접을 마치고 인도 주재가 확정되자 주변에서는 모두 반대했다.

"너 미쳤냐? 국내 영업에서 잘 나가고 있는데 왜 사서 고생하러 해외로 가느냐? 인도? 그것도 콜카타? 거기가 얼마나 힘든 곳인지 알고 나가는 거냐?"

동료, 친한 선배들까지 모두 한 목소리로 말렸다. 하지만 내 마음속에는 이미 결정이 서 있었다. 안전하고 편한 길보다는, 미지의 세계로 뛰어들어 새로운 나를 발견하고 싶었다. 그리고 도전해 보겠다는 뜨거운 의지를 가지고 이 길을 선택했다.

첸나이(Chennai) 출장

작은 실수가 만든 큰 후폭풍

2007년 4월 초, 인도 주재원 발령을 받아 델리Delhi에 도착했다. 일주일 정도 판매 현황을 파악한 후, 법인장님의 지시로 첸나이Chennai에 있는 공장으로 출장을 가게 되었다. 공장에서 첫날 업무를 마치고 저녁에 입사 동기와 첸나이 시내에서 만나기로 약속했다. 퇴근 시간 10분 전인 5시 50분에 선임의 승낙을 받고 회사를 나섰는데 우연히 법인장님이 이를 알게 되었다. 법인장님은 회사 규정상 6시 퇴근인데 10분이라도 일찍 나가는 것을 절대 용납하지 않는 성격이었다. 실제로 법인장님은 나를 콜카타로 발령 내면서 이 10분 조기 퇴근 건까지 거론하셨다.

 금요일 아침에는 벵갈루루Bengaluru에서 실시하는 딜러 대표자들과의 회의에 참석했다. 딜러 대표자 20명이 딜러들의 애로사항을 이야기하면 회사 측에서 수용 여부를 판단하는 회의였다. 인도 도착 2주가 채 지나지 않은 상태라 많이 피곤했다. 오후 회의에서는 인도 영어도 알아듣기 어렵고, 피곤하기도 해서 깜박 졸았다. 졸다가 눈을 뜨니, 맞은편에 앉은 법인장님이 나를 노려보고 있었다. 찜찜한 마음이었지만, 밀려오는 졸음을 참을 수가 없었다. 나는 '회의 중에 조는 놈'으로 찍혀버린 것이다.

콜카타 발령
"뼈를 묻을 각오로 일하라"

 첸나이에서 돌아온 지 한 달쯤 되었을 때, 판매실장님은 나를 불러 델리를 포함한 중부 지역 담당을 맡으라고 했다. 나는 실장님께

 "법인장님과 면담할 때는 콜카타로 가는 것으로 알고 있었는데, 델리 발령이 맞습니까?"

 하고 조심스럽게 여쭈었다. 그러자 실장님은 내 질문에 명확한 답을 주지 않고 말을 아꼈다. 그렇게 어정쩡한 시간이 흐르던 2007년 7월 초, 법인장님이 아침 일찍 나를 호출했다. 법인장실의 무거운 침묵을 깬 것은 그의 서늘한 목소리였다.

 "정 차장, 내가 자네가 인도에 주재원으로 부임해서 3개월간 생활하는 것을 지켜봤다. 그런데 회의 시간에 졸기도 하고, 조기 퇴근도 하고, 일도 제대로 안 하고 어영부영하는 등 근무 태도가 안 좋아!"

 가슴이 철렁 내려앉았다. 첸나이에서 일어난 모든 일들을 기억하고 계셨던 것이다.

"그래서 말인데, 자네를 콜카타로 발령 내기로 결정했어. 6개월간 어떻게 하는지 지켜보고 성과가 안 나오면 바로 한국으로 돌려보낼 거야. 진짜 뼈를 묻겠다는 각오로 일해야 해!"

한국으로 돌려보낸다는 말씀이 특히 충격적이었다. 억울하기도 하고 화도 났지만 어떻게 해볼 도리가 없어 답답하기만 했다. 국내 영업에서 인정받고 인도로 왔는데, 왜 이런 평가를 받아야 하는지 납득하기 어려운 심정이었다. 당시 내 직속 상사였던 판매실장님은 이를 안타깝게 여기며 송별 골프 및 식사 자리도 마련해 주셨다.

"정 차장, 회사 생활하다 보면 억울한 일도 많이 생기는 법이야. 이번 어려움도 잘 견뎌 내길 바란다."

실장님이 마련해 주신 자리가 잠깐의 위안과 위로의 시간이 되었지만 내가 받은 마음의 상처는 치유되지 않았다. 그런 답답함 속에서도 내가 선택한 길을 위해 한 걸음 앞으로 나가야만 했다. 2007년 7월 4일, 콜카타행 비행기에 몸을 실었다. 저녁 식사를 마친 후 숙소에서 쏟아지는 폭우를 보면서 많은 생각 끝에 두 가지를 굳게 결심했다.

첫째, 판매 실적 개선을 숫자로 증명하겠다.

둘째, 영어 실력을 향상시키겠다.

당시 나는 문산지점장에서 곧바로 해외 주재원으로 파견되었기 때문에 영어 소통이 서툴렀다. 보통 해외 주재원으로 나가는 직원들은 영어권의 경우 2개월, 중국의 경우 6개월간 어학 합숙 교육을 받고 출국한다. 그런데 나는 급하게 오라는 지시에 따라 법인장 면담 후 단 한 달 만에 인도로 떠났다. 나중에 알고 보니 어학 교육을 받을 시간은 충분했는데 불필요하게 서둘렀던 것이다. 이 때문에 가장 먼저 닥친 어려움이 언어 장벽이었다. 말하기도 서툴고, 듣기도 어려워서 딜러 방문이 두려울 정도였다.

시급히 극복해야 할 과제였다. 현지인 영어 교사를 채용해 개인 교습을 받기 시작했다. 출장 중 비행기와 차 안에서 영작 교재 세 권을 통째로 외웠다. 1년 동안 시간과 장소를 가리지 않고 영어 공부에 매진했다. 그 결과 1년 후 회사에서 매년 실시하는 SPA Speaking Proficiency Assessment 시험을 통과할 수 있었다.

현지 책임자의 무능
결단의 순간

당시 콜카타 사무실은 외곽에 있는 거의 허물어져 가는 건물을 사용하고 있었다. 내가 근무할 방도 없어 회의실에 인터넷만 연결해 근무를 시작했다. 건물, 집기, 환경 등 모든 것이 아주 열악했다. 아무도 관심을 두지 않는 마치 방치된 사무실 같은 느낌이 들었다. 일주일 정도 판매 현황에 대한 각종 자료를 만들기 시작했다. 그러나 직원들의 자료 작성 수준이 형편없었다. 나중에 알았지만 당시 책임자였던 보믹Bomic은 기본적인 자료 작성에 관심도 없었고, 지시한 적도 없었다.

직원들의 문서 작업 훈련이 전혀 되어있지 않았다. 나는 빨간펜 선생님이 되었다. 직원들이 작성해 온 자료를 대여섯 번에 걸쳐 수정한 끝에, 마침내 내가 생각했던 형태로 완성시킬 수 있었다. 그때 처음 자료와 마지막 자료를 비교해 보여주며 말했다.

"앞으로는 처음부터 이런 형태로 만들어 주세요."

인도 직원에게 자료 수정을 요청했을 때, 원하는 결과물을 얻기란 쉽지 않았다. 솔직히 속에서는

 "야! 자료를 이따위로 만들어오냐? 이렇게밖에 못 해!"

 라는 말이 불쑥 튀어나올 것 같았다. 하지만 순간의 감정으로 질책하는 대신, 왜 이런 형태가 필요한지 차근차근 가르치고 설득하는 길을 택했다. 나무라기보다 기본 원칙을 이해시키는 과정이 더 중요하다고 믿었기 때문이다. 물론 그들에게는 당혹스러운 요구였을지도 모른다.

 "굳이 양식을 맞추지 않아도 내용은 볼 수 있고, 합계는 암산하면 되잖아요. 구분선까지 그려가며 수정해야 하는 이유를 모르겠어요."

 라는 생각이 얼굴에 그대로 드러나곤 했다.

 그렇게 서로의 입장을 이해하고 기본을 다져나가는 시간을 거치자, 직원들의 자료 작성 능력은 놀라울 만큼 향상되었다. 그리고 인도 직원들에게 업무 지시를 하면 직원이 물어보곤 했다.

 "Sir, '빨리빨리' 해야 하나요?"

 한국 주재원들이 지시할 때마다 늘 사용했던 말이었다. 나는 그때마다 이렇게 말하곤 했다.

"No! I don't like '빨리빨리'. I like '디레 디레 천천히, 아람새 아람새 편안하게'."

이런 농담에 인도 직원들은 파안대소를 하며 즐거운 마음으로 지시를 따르곤 했다.

콜카타에서 업무를 시작하고 일주일 후 무케쉬 Mukesh 현대 딜러의 여사장인 가비타 Gavita 가 면담을 요청했다.

"정 차장님, 보믹이 동부 지역 판매책임자로 8년이나 근무하고 있어요. 그런데 솔직히 말씀드리면, 이 친구는 딜러에 전혀 도움이 되지 않아요! 오히려 피해만 주고 있어요. 이 자를 빨리 해고해 주세요!"

나를 처음 보자마자 당혹스러운 의견을 제시했다. 한 달 정도 함께 일해 보니 이 친구는 말 그대로 놀고먹고 있다는 것을 알게 되었다. 내가 사무실에 있는데도 항상 아침 10시에 출근했다. 한 시간 동안 신문을 뒤적이다가

"콜카타 딜러 방문하러 갑니다."

라고 보고하고 나가서는 그대로 퇴근해버렸다. 나중에 내가 딜러들을 직접 만나

"보믹이 방문한 적 있나요?"

라고 물어보니, 한 번도 온 적이 없다고 했다.

2개월간 보믹이라는 직원과 함께 일을 하고 난 후, 판매실장님께 전화를 드렸다.

"보믹을 해고하겠습니다. 정말로 도움이 안 되는 친구입니다."

"어? 그런데 그 친구는 동부 지역 판매책임자로 무려 8년간이나 일을 했잖아요. 딜러들도 많이 알고 있고요. 정 차장이 적응하려면 보믹의 도움이 꼭 필요할 텐데?"

나는 소신껏 내 의견을 말씀드렸다.

"아닙니다. 근무 분위기를 망치는 이런 친구의 도움은 필요 없습니다. 제가 현지 직원들과 힘을 합쳐 반드시 잘해 내겠습니다."

마침내 판매실장님은 보믹을 해고하자는 내 의견을 수용하셨다.

> 도전을 시작했을 때 초기의 실수나 어려움에 굴복하지 말고 끝까지 최선을 다해야 한다. 어려운 상황에 처했을 때 원망하거나 포기해서는 안 된다. 구체적인 목표를 세우고 실력으로 증명하겠다는 의지를 갖고 추진해야 한다.

2

우문현답:
우리의 문제는 현장에 답이 있다

" 나는 항상 현장을 보며 판단했다. "

—

정주영

오해와 불신을 넘어
함께 나아가기

이 당시 콜카타에는 사이니Saini, 벵갈Bengal, 무케쉬Mukesh 3개의 딜러가 있었다. 사이니는 매사에 적극적이고 긍정적이며 협조적인 태도를 보였다. 반면, 벵갈과 무케쉬 두 딜러는 냉소적인 성격이었고 말투는 시비조에 가까웠다. 판매가 향상되는 결과를 빨리 보여줘야 하는 나로서는 마음이 급했다. 딜러 방문 때마다 효과적인 판촉 방법들을 적극적으로 제안했다. 그러나 벵갈과 무케쉬 두 딜러 사장은 처음부터 모든 제안에 대해 부정적이었다. 회의 때마다 회사 정책에 반대되는 발언으로 분위기를 망치는 경우가 많았다.

  내가 인도 시장을 잘 모른다고 생각해서인지, 나를 개인적으로 싫어해서인지 도무지 알 수가 없었다. 내가 제시하는 판촉안을 시행하면 효과가 있을 텐데도 이를 받아들이지 않고 무조건 반대만 하는 상황이 답답했다. 처음 해외 생활을 시작하며 어려움을 겪고 있던 나에게는 정말로 골치 아픈 일이었다. 결국 나는 벵갈의 아닐Anil 사장과 무케쉬의 가비타Gavita 사장을 잘 아는 인도 직원과 대화를 나눠보았다.

  "도대체 왜 그럴까? 이 두 사람이 나를 개인적으로 싫어하는 건가, 아니면 다른 속사정이 있는 건가?"

  답답함을 토로하자, 인도 직원이 조심스럽게 입을 열었다. 그가 들려준 이야기로 상황이 조금씩 이해되기 시작했다. 아닐은 원래 회사에서 손꼽히는 긍정적인 인물이었다. 새로운 정책이 나오면 앞장서서 참여하고, 동료들에게도 희망을 심어주는 그런 사람이었다. 하지만 내가 부임하기 1년 전, 그의 삶에 큰 변화가 찾아왔다. 싱가포르에서 받은 대수술로 생사의 기로에 섰고, 그보다 앞서 5년 전에는 이혼을 겪었다. 지금은 85세 고령의 아버지와 단둘이 사는 그에게, 삶은 더 이상 희망찬 모험이 아닌 버텨내야 할 무게가 되어버렸다. 한때 밝았던 그의 모습은 서서히 변해갔고, 작년부터는 마음의 문을 닫아버린 것 같았다.

가비타의 사연은 또 달랐다. 10년 전 남편이 세상을 떠나면서 그녀에게는 현대차 딜러 사업이라는 큰 책임이 남겨졌다. 남성 중심의 자동차 업계에서 홀로 서기 위해, 그녀는 스스로를 강하게 만들어야 했다. 부드러웠던 모습은 날카로운 면으로, 따뜻했던 미소는 경계의 표정으로 변해갔다. 이 모든 이야기를 듣고 나서야 상황이 명확해졌다. 그들의 차가운 반응은 나에 대한 거부감이 아니라, 상처받은 마음이 만든 보호막이었던 것이다.

나는 전략을 완전히 바꿨다. 업무적 관계를 넘어 한 사람으로 다가가기로 했다. 아닐과는 골프장에서 공을 치며 서로의 속내를 나누었고, 퇴근 후 술자리에서 조금씩 마음의 거리를 좁혀갔다.

가비타 여사장에게는 다른 접근이 필요했다. 그녀는 내가 영업 사원들을 교육하는 모습을 보며 처음으로 관심을 보였다.

"현대차 직원이 이렇게 체계적으로 교육해주시는 건 정말 처음이에요. 이런 프로그램이 우리에게 꼭 필요했어요."

전문성과 실질적 도움이야말로 그녀의 마음을 여는 열쇠였던 셈이다.

이렇게 딜러를 돕기 위해 노력한다는 진정성을 꾸준히 보여주면서 서로 간의 거리감을 좁혀갔다. 1년 후에는 친구처럼 집도 방문할 수 있을 정도로 가까워졌다. 서로 간에 신뢰와 우정으로 사업을 이끄는 파트너가 되었다. 두 사람과의 처음 시작은 힘들었다. 그러나 진심으로 소통한다면 좋은 관계를 형성할 수 있고, 비즈니스도 원활하게 진행할 수 있다는 것을 경험한 시간이었다.

'우문현답'의 실천

죽을 고비와 밀려온 후회

나는 현장이 가장 중요하다는 생각으로 '우문현답'을 늘 실천하고자 노력했다.

우: 우리의, 문: 문제는, 현: 현장에, 답: 답이 있다.

우문현답 실천을 위해 동부 지역 25개 전 딜러를 하나도 빠뜨리지 않고 방문하겠다는 계획을 세웠다. 당시 현대차는 비하르, 자르칸드, 오디샤, 서벵골, 아쌈 주를 동부 지역으로 분류했다. 이 5개 주의 인구는 약 3억 명에 달했고, 인도에서는 경제적으로 가장 낙후된 곳이었다. 이때까지 현대차 직원 누구도 동부 딜러들을 방문한 적이 없을 정도로 관심 밖의 지역이었다. 딜러 한 곳을 방문하려면 차로 6~8시간을 가야 하는 경우가 다반사였다.

특히, 아쌈Assam 주의 경우 딜러들이 산악 지형에 위치하고 있었다. 미조람, 마니푸르, 나갈랜드, 실롱, 다즐링 등 이런 지역은 산악 지형을 몇 시간씩 가야 했다. 가다 보면 멀미가 나서 차를 세우기도 했다. 출장을 가면 호텔은커녕 우리나라 여인숙 정도의 숙소가 대부분이었다. 음식도 입맛에 맞지 않아 먹을 수 없는 경우도 많았다. 처음에는 매주 3박 4일씩 출장을 다녔으나 음식 때문에 출장을 2박 3일로 조정하기도 했다.

특히 기억에 남는 출장이 있다. 서벵골 주에 있는 '다즐링 Darjeeling' 지역 방문이었다. 딜러 사장이 산 꼭대기에 자그맣게 차려 놓은 세일즈 브랜치 sales branch가 있으니 방문해달라고 요청했다. 저녁 7시에 출발했는데, 차는 산으로 계속 올라갔다. 왕복으로 차가 다닐 수 없는 비포장 산길이었고 오른쪽으로는 낭떠러지였다. 밤이라 잘 보이지도 않는 산길을 2시간 올라가니 자그마한 휴게소가 나왔다. 만두로 저녁을 해결하고 산 정상에 도착하니 밤 11시가 다 되어가고 있었다. 허름한 숙소에서 잠을 자고 다음 날 아침 세일즈 브랜치를 방문했다.

딜러 사장이 도로 중간에서 차를 세우고 말했다.

"잠깐 내려서 한번 보시죠!"

차에서 내려 잠시 걸어가니 눈앞에 거대한 산이 보였다. 바로 '칸첸중가 Kangchenjunga' 봉이었다. 봉우리는 안개나 날씨 때문에 일 년 내내 거의 볼 수 없다고 한다. 이날은 날씨가 너무 맑아서 봉우리가 선명하게 보이는 행운을 누렸다. 산을 내려오면서 어제 딜러 사장이 이야기했던 낭떠러지를 눈으로 보게 되었다. 낭떠러지는 거의 50m에 달했고, 도로 옆에 가드레일도 없었고, 경사는 70도가 넘는 풍경이 눈앞에 펼쳐졌다. 안전 손잡이를 있는 힘껏 잡고 3시간에 걸쳐 내려왔다. 딜러 사장은 산을 다 내려와서 차를 파는 곳에서 다즐링 차를 한가득 사서 선물로 주었다.

'이런 줄 알았으면 오지 않았을 텐데. 어제는 밤이라 안 보였지만 목숨을 걸고 왔구나.' 어젯밤에 그 높은 산에서 운전 미숙으로 낭떠러지로 굴러 떨어졌다면 뼈도 못 추렸을 것이다. 등골이 오싹했다. 내가 왜 이런 산골까지 와서 고생을 하고 있을까? 한국에 있었다면 잘나가는 지점장 소리를 들으며 승승장구하고 있었을 텐데. 오지를 다니며 멀미하고, 목숨을 걸고 딜러를 방문해야 하는 내 처지가 처량하게 느껴졌다. 그러나 달리 방도가 없었다. 그것은 내가 인도를 선택하면서 세웠던 목표를 향해 견디고 이겨내야만 하는 과정이었다.

잘 몰랐던 인도
나를 돌아보다

콜카타에서 5개월이 지나자 서서히 인도에 대한 회의감이 들기 시작했다. 처음의 설렘은 어느새 피로감으로 바뀌었고, 매일 출근하는 것 자체가 점점 버거워졌다. 어느 날 점심을 마치고 사무실 창가에 앉아 인도에 대해 곰곰이 생각해봤다. '나는 왜 인도가 싫어졌을까? 처음엔 그렇지 않았는데….' 스스로에게 솔직하게 묻기 시작했다. 답은 생각보다 명확했다. 끝없이 펼쳐진 쓰레기 더미들, 움푹움푹 패인 도로에서 튀어 오르는 먼지, 사람들 사이로 스며드는 묵직한 냄새, 그리고 길거리 곳곳에서 마주치는 일상적인 광경들. 이 모든 것들이 나를 지치게 만들고 있었다. 한국에서는 경험해보지 못했던 새로운 일상의 연속이었다.

하지만 이런저런 불편함을 제외하면, 인도가 딱히 싫을 이유는 없었다. 나는 문득 궁금해졌다. '우리가 인도보다 나은 점은 뭘까? 반대로 인도가 우리보다 나은 점은?' 머릿속으로 두 나라를 비교하던 나는 한 가지 사실을 깨달았다. 내가 인도를 판단하던 기준은 지극히 한국적인 '효율'과 '편리함'이었다는 것을. 조금만 길이 막혀도, 일이 계획대로 풀리지 않아도 쉽게 불평하던 나에게 인도의 느긋함과 예측 불가능함은 불편함 그 자체였다. 하지만 그 불편함 속에서 마주쳤던 사람들의 얼굴을 떠올려 보았다. 흙먼지 날리는 길에서 스스럼없이 말을 걸어오던 상인, 낡은 릭샤를 몰면서도 콧노래를 흥얼거리던 운전사. 그들의 얼굴에는 짜증 대신 여유로운 미소가 있었다.

그 순간, 나는 숫자로 된 지표들 남북한보다 15배 큰 땅, 14억 인구, 놀라운 수학 실력이 아니라, 바로 그 미소에서 인도의 진짜 힘을 느꼈다. 우리가 가진 '빠름'이라는 잣대로는 결코 잴 수 없는, 불편함마저 삶의 일부로 껴안는 거대한 포용력이었다.

'내가 틀렸구나. 사소한 불편함에 눈이 가려져 이 나라의 가치를 제대로 보지 못했구나.'

신기하게도 이 사실을 인정하자 모든 것이 달라 보이기 시작했다. 시끄럽던 경적 소리는 도시의 활기찬 배경 음악으로, 답답했던 기다림은 주변을 둘러볼 여유의 시간으로 다가왔다. 비로소 나는 인도에서 '일하는 것'이 아니라, 인도와 함께 '살아가고 있음'을 느낄 수 있었다. '앞으로는 **인도라**

는 나라를 존경하고 **인도 사람들을 진심으로 존중**하자.' 이 다짐을 가슴 깊이 새겼다. 이 깨달음은 이후 나의 비즈니스 원칙에도 깊은 영향을 주었다.

> 진정성 있는 소통으로 신뢰를 쌓는 것이 모든 비즈니스의 기본이며, 어려운 환경 속에서도 '현장에 답이 있다'라는 신념으로 직접 부딪쳐야 한다는 것을 다시금 확인했다. 또한 인도 직원들은 '가르치고 코칭할 대상이지, 나무랄 대상은 아니다'라는 원칙을 몸소 실천한 것도 값진 경험이었다.

3

고객의 마음은 이미지에서 시작된다

"판매가 아닌, 고객을 만들어라."

―

캐서린 바르체티

고객에게 아침 인사

그리팅 액티비티(Greeting Activity)

콜카타로 부임한 것은 내게 기회이자 시험대였다. '일 못한다'라는 평가를 불식시키고 폭우 속에서 '반드시 판매로 실력을 보여주겠다'라고 했던 다짐을 실현해야만 했다. 판매 실적을 끌어올리는 것, 그것이 가장 긴급하고 중요한 과제였다. 판매를 늘리기 위해 처음으로 '그리팅 액티비티'라는 판촉 방법을 생각했다. 이를 시행하기 위해 콜카타에 있는 사이니 현대를 모델model 딜러로 선정했다. 딜러 사장이 젊고, 다이내믹하며, 실천력도 좋다고 직원들이 추천했다.

나는 화이트보드에 그림까지 그려가며, 서툰 영어로 설득을 시작했다.

'첫 질문.'

"자, 사이니 현대 딜러는 도로변에 위치하고 있습니다. 그런데 이 앞을 지나가는 사람들이 사이니 현대가 여기 있는지 몇 명이나 알까요?"

우리는 현대차에서 근무하고 있기 때문에 사이니 딜러가 여기 있는지 잘 알고 있다. 하지만 도로에 워낙 많은 상점이 있다 보니 사람들은 사이니 현대에 별다른 관심을 두지 않고 지나친다

그리고 광고 효과에 대해서도 설명했다.

"일반 고객들은 현대차의 엘란트라 TV 광고를 100번 보면 '아! 현대차 엘란트라구나.' 하고 기억하죠. 하지만 99번 보면? '엘란트라가 기아나 쌍용에서 만든 차 아닌가?' 하고 헷갈려 합니다."

일반 고객이 TV의 무수한 광고 속에서 엘란트라 광고를

100번씩 보는 경우는 거의 없다. 이런 TV 광고 효과와 버금가는 효과적 판촉 방법이 있다. 그것이 바로

"그리팅 액티비티입니다. 바로 아침 인사죠!"

아침 8시에 30명의 직원들이 2m 간격으로 딜러 앞에 일렬로 선다. 출근하는 차량에 대해서는 단지

"Have a nice day! 좋은 하루 되세요! 나마스테! 안녕하세요!"

라고 30분씩 매일 인사한다. 처음 시작할 때 직원들은 딜러 앞을 지나가는 차량에 모기 소리만큼 작게 인사했다. 인도 사람들은 의외로 수줍음이 많아 이런 것을 잘 못한다. 10분 정도 지켜본 후에 30명의 직원들을 다 불러모았다.

"가장 크게 인사하는 직원 한 명에게 포상금을 주겠습니다."

라는 말이 끝나자마자, 직원들은 언제 그랬냐는 듯 목청껏 인사를 외치기 시작했다.

노란 꽃길

미소로 시작되는 아침

그리팅 액티비티 Greeting Activity 를 시작한 지 일주일이 지난 어느 날 아침, 비가 내렸다. 직원이 보고했다.

"오늘은 비 때문에 인사 행사를 진행하지 못했습니다."

나는 사이니 현대의 판매 매니저 사카(Saka)를 사무실로 불러들였다.

"오늘 그리팅 액티비티를 비 때문에 하지 못했다고?"

"네, 그렇습니다."

"이 행사는 하루도 거르면 안 된다. 사이니 현대 딜러 앞을 지나가는 차량들은 매일 아침 같은 시간에 지나가지 않나? 비가 온다고 회사원들이 출근을 안 하는가? 비가 온다고 매일 이 앞을 지나던 자영업자들이 길을 바꾸는가? 비가 오면 우산을 쓰고라도 할 방법을 찾았어야 하는 것 아닌가?"

나는 계속해서 말했다.

"우산을 쓰면 비가 오는 날뿐만 아니라 더운 날씨에도 유용하다. 게다가 시각적 효과도 뛰어나 더 많은 고객들의 눈길을 끌 수 있을 것이다."

우산은 골프 우산 크기로 정하고, 색깔에 대해 물었다.

"인도 사람들이 가장 선호하는 색깔은 무엇인가?"

"노란색입니다. 인도인들은 금을 가장 좋아하는데, 금색과 노란색이 비슷하기 때문입니다."

최종적으로 노란색 골프 우산 40개를 제작하기로 결정했다. 3일 동안 우산과 함께 새롭게 시작하는 그리팅 액티비티를 지켜보았다. 쇼룸 앞 약 60m에 걸쳐 노란 우산을 든 직원들이 인사하는 모습은 장관이었다. 주변의 모든 이목을 집중시킬 만큼 인상적인 광경이었다. 행사를 한 달 정도 지속하면 고객들의 반응이 나타나기 시작한다. 매일 아침 쇼룸 앞을 지나던 고객들은 한 달 동안 이 직원들이 자신에게 인사했다는 것을 인지하게 된다. 그때부터 차창을 내리고 서로 인사를 나누며 미소를 주고받게 된다.

이렇게 성공적으로 행사를 진행한 지 두 달이 지났을 때였다. 어느 날 판매 매니저 사카로부터 오늘은 행사를 진행하지 못했다는 연락이 왔다. 경찰이 안전 문제를 이유로 금지 명령을 내렸다는 것이었다. 예상하지 못한 상황이었기에 며칠 동안 해결책을 고민했다. 하지만 공권력 앞에서 뾰족한 수가 보이지 않았다.

콜카타 TV 출연
제재에서 지원으로

그러던 차에 콜카타 TV에서 나를 방송국으로 초대했다. 이 행사의 취지와 목적에 대해 인터뷰를 하고 싶다는 제의가 들어왔다.

'옳다구나!' 이를 잘 활용하면 경찰의 제재도 풀 수 있겠다고 생각했다. 방송국으로 나가 인터뷰에 응했다.

"다른 의도는 없습니다. 쇼룸 앞을 지나는 고객들의 활기찬 아침을 위해 인사하고 있는 겁니다. 모든 분들이 건강하고 밝은 마음으로 아침을 시작했으면 좋겠어요."

이 방송이 나가고 딜러 사장과 경찰서를 찾아가서 방송 내용을 보여줬다. 좋은 의도로 이 행사를 하는 것이니 제재를 풀어달라고 요청했다. 경찰 측으로부터 '사고 예방을 위해 인력을 지원해 줄 테니 행사를 계속해도 좋다'라는 답변을 받아냈다. 마음 한구석에 자리 잡고 있던 응어리가 풀리는 기분이었다.

처음에는 어려움도 있었지만, 3개월간 꾸준히 '아침 인사 활동'을 이어가자 놀라운 효과가 나타나기 시작했다. 꾸준한 아침 인사는 고객들의 머릿속에 '샤이니 현대'라는 이름을 확실히 각인시켰고, 이는 차량 교체를 고민하는 고객들이 가장 먼저 연락을 해오는 결과로 이어졌다. 실제 데이터는 그 놀라운 효과를 명확히 증명한다.

샤이니 현대의 판매 실적

- **'아침 인사 활동' 이전:**

  매월 고객 문의 180건, 월 차량 판매 42대

- **'아침 인사 활동' 이후:**

  매월 고객 문의 625건, 월 차량 판매 약 123대

이 놀라운 변화를 직접 확인한 딜러 사장은 결과에 크게 만족하며, 내 제안을 전폭적으로 신뢰하고 더욱 적극적으로 실행에 옮기기 시작했다. 나아가 이 성공 사례를 전파하기 위해 모든 딜러를 방문하여 진심으로 설득했고, 마침내 모든 딜러의 적극적인 동참을 이끌어냈다. '아침 인사'는 6개월, 1년 꾸준히 이어질 때 그 잠재력이 폭발하는, 실로 엄청난 힘을 가진 판촉 방법이다.

이처럼 작은 인사 하나라도 일관성 있게 지속하면 고객의 마음을 움직일 수 있다. 단순히 차만 팔기 위한 노력은 일시적이지만, 고객에게 좋은 이미지를 주면 고객들이 먼저 다가와 큰 성과로 이어진다.

경험이 길을 열고,
행동이 결과를 만든다

" 무엇보다 데이터를 보여줘라. "

—

에드워드 로프 터프티

현장이 답이고

설득은 논리로

나는 판매 경험을 통해 판매를 향상시키는 두 가지 방안이 있다는 확신을 가지고 있었다.

한 가지는 판매 거점, 즉 **딜러 수를 늘리는 것이고,**

또 하나는 **영업 사원 수를 늘리는 것이다.**

딜러 수를 늘리는 것은 고객들이 가까운 거리에 있는 매장에 쉽게 올 수 있도록 하는 방편이다. 딜러 수가 많을수록 고객과의 접점이 늘어나 판매도 함께 증가한다는 원리이다. 그러나 신규 딜러를 하나 오픈하려면 쇼룸/정비소 부지 물색과 정부 허가 등으로 약 1년 정도의 시간이 소요된다. 따라서 이는 장기 프로젝트로 추진했다. 영업 사원 수를 늘리는 것은 딜러 사장만 설득하면 됐기 때문에 단기 프로젝트로 추진했다.

신규 딜러 확장과 영업 사원 수를 늘리기 위한 딜러 설득, 두 개의 단/장기 프로젝트를 동시에 추진했다. 판매를 향상시키기 위해 이 두 가지가 가장 핵심이었기 때문이다. 딜러 수를 늘리기 위해 매주 월요일은 하루의 모든 일정을 딜러 후보자 면담 시간으로 책정했다. 딜러 개발 담당자에게는 매주 신규 딜러 후보자 2~3명을 면접하고, 또한 딜러 개발 시 반드시 점검해야 하는 항목도 알려주었다.

첫째, 딜러 후보자의 평판을 반드시 점검할 것. 가장 중요한 항목이었다. 딜러 사장의 비즈니스 마인드와 직원을 대하는 태도, 성실하게 일을 하는지 등을 가장 먼저 점검했다.

그리고 두 번째는 신규 딜러가 들어설 위치, 세 번째는 딜러를 운영할 자금이다. 이런 과정을 거치면서 1년 반 만에 신규 딜러를 15개 개발하는 성과를 만들어 냈다.

자동차 업계에서는 1년에 4~5개의 신규 딜러를 개발하는 것이 일반적이다. 그러나 나는 신규 딜러 개발이 시간이 걸리더라도 반드시 빠르게 해내야 하는 사안으로 생각했다. 신규 딜러가 새로운 시장에 진입하면 그 지역 판매는 "0"에서 시작해 판매 대수만큼 증가하는 효과가 있었다. 그리고 영업 인력 또한 자연스럽게 증가하는 이중의 효과가 있었기 때문이다.

대부분의 딜러 사장들은 영업 사원 수를 늘리는 것에 부정적이었다. 영업 사원 수를 늘리는 것을 단지 비용의 증가로만 생각했다. 영업 사원 1명을 채용하면 급여, 보험, 식대, 퇴직금 등 비용이 나가는 것만 생각했다.

그러나 이들이 얼마만큼의 수익을 발생시키는지에 대한 진지한 고찰이 없었다. 영업 사원 1명을 채용했을 때 발생하는 월별 비용과, 몇 대를 팔아야 손익분기점BEP, Break-Even Point에 도달하는지를 보여주는 자료를 만들었다. 딜러 사장이 동의할 만큼 객관적이고 신뢰할 만한 자료가 필요했다. 딜러들은 돈에 가장 민감했기 때문에 돈을 벌 수 있다는 확신을 줄 수 있어야 했다. 한 달 후 분석자료가 나왔다. 영업사원 1명이 월 3대를 판매하면 손익분기점에 도달하고, 4대부터는 순수익이 된다는 결론이 나왔다.

가장 긍정적이고 열성적인 딜러로 추천받은 곳은 콜카타 외곽에 있는 리퍼브릭Republic 현대였다. 이 딜러를 설득할 때까지 3일이든, 4일이든 머무르겠다는 각오로 출발했다. 판매 향상을 위해서는 성공적인 모델 딜러를 만드는 것이 중요하고 시급했다. 성공적인 딜러 사례가 다른 딜러 설득에 가장 효과적인 방법이기 때문이다.

의심에서 신뢰로

"저를 믿고 한번 해 보시죠"

딜러 사장 이름은 라훌부디야Rahool Boodiya로 30대 중반의 젊은 사업가였다. 의욕은 강했으나 모든 결정권은 그의 아버지에게 있었다.

"영업 사원을 현재 5명에서 25명을 추가로 채용해서 30명으로 운영하세요. 즉, 영업 사원 25명은 주력으로 유지하시고, 5명은 예비 전력으로 운영하세요. 영업 사원 이직률이 40% 정도거든요. 월 급여를 조금 더 주시더라도 똑똑하고 유능한 세일즈 매니저를 채용하세요."

이렇게 내 의견을 제시했다. 딜러 사장은 놀라움을 넘어 어이없다는 표정이었다. 그는 자신에겐 결정 권한이 없다며 아버지를 모시고 올 테니 직접 설명해 달라고 요청했다. 나는 그의 아버지를 상대로 이 방안대로 하면 판매와 수익이 크게 향상될 것이라고 설득했다.

"영업 사원 25명을 운영하면 최소한 월 125대는(1인당 월 5대 판매) 판매할 수 있습니다. 손익분기점이 3대이기 때문에 75대는 월 비용이고, 나머지 50대 판매는 순이익입니다."

아침 10시부터 시작된 회의는 점심을 먹고 오후 4시까지 이어졌지만, 그때까지도 결정을 못 내리는 상황이었다. 이래선 안 되겠다고 판단했다.

"아버님, 저는 딜러들 판매를 올려 돈을 벌게 해주려고 자원해서 인도에 왔습니다. 그리고 제 10년간의 현장 판매 경험을 한번 믿어 보시죠. 이 프로그램 실시로 손해를 본다면 제가 보상해 드리겠습니다."

마지막 설득 작업이었다. 마침내 오후 6시가 되자, 고심하던 아버지의 얼굴에 변화가 생기기 시작했다.

"정 차장을 믿고 한번 투자해 보겠네."

"진심으로 감사드립니다. 반드시 성공시키겠습니다."

장장 8시간에 걸친 설득 끝에 길고도 역사적인 작업이 마무리되었다. 이처럼 시간과 공을 들인 데에는 분명한 이유가 있었다. 영업 사원 수를 늘리는 것이 **'판매가 신장되는 모습을 숫자로 보여주겠다'**는 내 결심의 첫 출발이었기 때문이다.

리퍼브릭 현대를 방문하고 한 달, 두 달이 지나가면서 판매가 서서히 올라가기 시작했다. 3개월이 지난 후에는 월 판매가 기존 20대에서 80~90대까지 향상되었고, 1년 뒤에는 130~150대까지 증가하는 훌륭한 결과를 만들어 냈다. 나를 믿고 따라준 딜러에게 진심으로 고마운 마음을 전했다.

> 직감이 아닌 데이터로 말해야 신뢰를 얻을 수 있다. 또한, 내 경험에 확신을 가지고 끝까지 밀어붙이는 신념도 필요하다. 현장에서 쌓은 경험과 데이터를 바탕으로 한 제안은 시간이 걸리더라도 결실을 맺을 수 있다.

5

최전선의 용사를
강하게 만들어라

"병사는 곧 군대다. 군대는 그 병사들의 수준 이상이 될 수 없다."

—

조지 S. 패튼

강한 병사 육성

"직접 교육하겠습니다"

인도 주재를 시작하면서 한 가지 원칙을 세웠다. '딜러를 방문할 때마다 반드시 2시간 동안 영업 사원들을 교육시키겠다.' 전장의 병사가 강해야 전쟁에서 이긴다. 고객과 직접 만나고, 설득하고, 계약을 성사시키는 것은 영업 사원이기 때문이다.

"**영업 사원은 전장에서 싸우는 병사**들입니다. 이들이 약하면 우리는 백전백패할 수밖에 없어요. 본사에서 아무리 좋은 전략을 세워도 현장의 영업 사원이 약하면 소용이 없거든요."

이렇게 딜러 사장들에게 이야기하며 영업 사원들을 열과 성을 다해 한 명씩 직접 가르쳤다. 평일 늦은 밤은 물론, 주말까지 반납하며 교육에 매달렸다. 딜러 사장들은 처음엔 의아해했지만 교육을 마치고 나면 완전히 달라진 모습을 보였다. 존경의 눈빛으로 나를 바라보며 말했다.

"이런 교육은 정말 처음이에요. 진심으로 감사합니다."

현대차 주재원이 영업 사원을 직접 교육한다는 것은 전례가 없는 일이었다. 그 당시 주재원들은 사무실에만 있다가 해외 주재를 나갔기 때문에 영업 사원들을 가르칠 만한 현장 경험이 없었다. 나는 영업소, 지역본부, 지점장 등 현장 경험이 풍부했기 때문에 이런 장점을 충분히 활용한 것이다. 10년간의 현장 경험을 바탕으로 유능한 영업 사원이 되기 위한 10가지 방안도 제시했다. 반드시 실천해야 할 필수 항목이었다. 단순한 이론이 아니라 실전에서 검증된 노하우였다.

우수 영업 사원이 되기 위한 10계명

1. 당신의 인생 목표는 무엇인가? (명확한 목표 설정)
2. 고객 소개를 받아라. 판매를 늘리는 가장 확실한 방법이다.
3. 매일 아침 롤플레잉으로 제품 설명 실력을 쌓아라.
4. 차량 구입을 문의하고 보류했던 고객과도 꾸준히 연락하라.
5. 매일 아침 30분, 오늘의 할 일을 다이어리에 적어라.
6. 쇼룸 방문 고객은 100% 계약으로 연결시켜라.
7. 남들보다 하루 1시간씩 더 일해라.
8. 판매한 고객에게 일주일에 한 번은 연락해라.
9. 고객과 그 가족의 생일, 기념일을 챙겨라.
10. 하루 1시간 운동으로 체력을 길러라.

가고 싶은 길

목표와 소원을 명확히

첫 번째 항목이 가장 중요했다. 모든 영업 사원에게 똑같은 질문을 던졌다.

"당신의 인생 목표는 무엇입니까?"

답변은 놀랍도록 똑같았다.

'집 사는 것, 돈 버는 것, 할리데이비슨 사는 것, 해외여행 가는 것, 결혼하는 것.'

등등. 나는 칠판에 큰 글씨로 적었다. '이건 목표가 아니라 그냥 소원입니다.' 한국 주재원으로부터 처음으로 교육을 받는 영업 사원들은 의아한 눈으로 나를 바라봤다. 시간이 지나면서 영업 사원들의 눈빛이 진지해졌다. 모두가 고개를 끄덕이며 내 말을 놓칠세라 수첩에 받아 적기 시작했다.

칠판에 다시 크게 적었다. '목표의 3대 원칙: 수치 Figure, 기간 Period, 이유 Why'

"진짜 목표라면 반드시 세 가지가 들어가야 합니다."

나는 한 명의 영업 사원을 지목했다.

"당신이 돈을 벌고 싶다고 했죠? 그럼 이렇게 질문할게요."

"얼마를 벌고 싶어요? 50억? 100억? 500억? 언제까지 벌고 싶어요? 10년 후? 50년 후? 100년 후?"

"왜 그 돈을 벌고 싶어요? 혼자 잘 살려고? 아니면 다른 이유가 있나요? 가족을 위해서요?"

나는 칠판에 다시 명확히 정리했다. 진짜 목표의 3가지 핵심 요소.

1. 수치 Figure: 구체적인 숫자
2. 기간 Period: 명확한 시한
3. 이유 Why: 절실한 동기

"자, 이제 진짜 목표를 세워 보시죠."

"나는 매월 20대를 판매해서 20년 후에 5억 원짜리 집을 사겠다. 내 가족을 위해서."

"이제 목표가 보이시죠? 이렇게 하면 구체적인 행동 계획도 나옵니다.

20년간 5억을 모으려면 → 연간 2,500만 원.
연간 2,500만 원을 벌려면 → 월 210만 원.
월 210만 원을 벌려면 → 월 20대 판매.

이제 분명한 목표가 정해졌습니다. 결론적으로 여러분들은 한 달에 20대는 반드시 팔아야 합니다. 왜? 여러분들의 인생 목표를 실현하기 위해서입니다. 명확한가요? 동의하시죠? 매일 잊지 않고 실천하기 위해 핸드폰을 활용하세요. 지금 당장 자신이 사고 싶은 집을 찾아서 핸드폰으로 사진을 찍으세요. 그리고 그 집 사진과 가족 사진, '월 20대 판매'를 핸드폰 배경 화면으로 설정하세요. 매일 아침 핸드폰을 켤 때마다 여러분의 꿈을 보게 될 거예요. 안 보면 잊어버리니까요. 그리고 이 목표는 아무도 간섭하지 않고 자신이 직접 정한 목표입니다. 자신과의 약속을 꼭 지켜야 합니다. 도저히 못 지키겠으면 목표를 수정해도 좋습니다. 한 달에 20대를 못 팔겠으면 10대로. 대신 집을 사는 기간도 두 배로 늘려서 40년 뒤로요. 여러분의 선택입니다."

> '전장의 병사가 강해야 전쟁에서 이긴다'라는 믿음은 틀리지 않았다. 영업 사원 직접 교육은 딜러들로부터 대환영을 받았다. 진정한 리더는 사무실에 앉아 있는 것이 아니라 직접 현장으로 뛰어들어 전사들을 강하게 만드는 사람이다. 그리고 그 강해진 전사들은 이내 인도 시장이라는 전쟁터에서 최고의 성과로 화답하기 시작했다.

6

고객을 감동시키면
판매는 따라온다

"당신의 말은 잊어도, 당신이 준 감정은 잊지 않는다."

—

칼 W. 뷔흐너

레퍼럴(Referral)의 힘

조 지라드(Joe Girard)를 뛰어넘다

"매월 20대, 정말 팔 수 있을까요?"

이것이 다음 문제였다. 이제 구체적인 방법론이 필요했다. 나는 미국의 전설적인 자동차 세일즈맨 '조 지라드Joe Girard의 1:250 법칙'을 떠올렸다. 모든 사람은 250명의 인적 네트워크를 갖고 있다는 이론이다. 즉, 영업 사원은 차량을 구입하는 한 고객에게 정성을 다해야 한다. 이 고객은 영업 사원의 정성과 친절에 감동하여 자신의 250명 인적 네트워크를 제공한다. 영업 사원은 고객에게 소개받은 250명의 인적 네트워크를 활용하여 판매를 늘릴 수 있다는 법칙이다. 이것은 좋은 말이고 맞는 말이지만, 어딘가 아쉬웠다. 250명을 활용할 구체적인 방법이 부족했다고 생각했다.

나는 한 단계 더 발전시킨 '레퍼럴 액티비티 Referral Activity' 프로그램을 개발했다. 핵심은 간단했다. **고객 한 명을 완벽하게 행복하게** 만들어라. 그리고 이 고객에게 6개월 이내 차량 구입 예정인 **가망 고객 2명을 반드시 소개받아라.** 가장 쉽게 찾을 수 있는 사람들인 친구, 친척, 부모, 형제 등을 소개받는 것이다. 주변에서 반대가 심했다.

"그건 다단계와 같은 방식 아닌가요? 고객을 귀찮게 해서 되겠어요? 고객들이 싫어할 겁니다!"

그러면 나는 반대론자들에게 되물었다.

"그럼 당신은 가망 고객을 어떻게 찾을 건데요? 길 가는 사람 아무에게나 다가가서 '혹시 차 사실 겁니까?'라고 물어봐야 할까요?"

아무도 대답하지 못했다. 비판만 할 뿐 대안은 없었다. 영업 사원 입장에서는 가망 고객을 찾는 것이 가장 중요하고도 어려운 일이다. 고객을 행복하게 만들면 고객이 영업 사원이 된다는 것을 확신했다. 과연 어떻게 고객을 행복하게 할 것인가? 구체적인 실천 방법이 필요했다.

해피니스 체크리스트(Happiness Checklist)
고객 감동 리스트

차량 계약부터 인도까지 고객이 원하는 모든 서비스를 리스트로 만들었다.

해피니스 체크리스트 항목들

할부 서류 작성 지원, 은행 융자 연결, 차량 인도 날짜 조정, 차량 등록 대행, 차량 내/외부 세차 서비스, 기타 고객이 원하는 모든 서비스. 차량 인도까지 무엇을 도와드리면 고객이 행복할지를 리스트로 만든 것이다. 그리고 활용 방법에 대한 교육을 시작했다.

1. 계약 후 고객에게 해피니스 체크리스트를 보여준다.
2. "차량 인도 때까지 어떤 도움이 필요하신지 체크해주세요."
3. "차량 인도일까지 완벽하게 처리해드리겠습니다."
4. 인도일에 만족도를 확인한다.
5. 매우 만족하셨다면 "6개월 내 차량 구입 예정인 2명을 소개해주세요."

가망 고객을 소개해준 기존 고객에게는 30만 원 상당의 정비 쿠폰을 지급했다. 결과는 놀라웠다. 이 방법을 충실히 따른 영업 사원들은 몇 개월 뒤에 월 40~50대까지 판매 실적을 올릴 수 있었다.

레퍼럴 액티비티
월별 효과 분석

일반적으로 고객들이 차량을 구입하고 싶다는 문의를 한 후에 실제로 구입하는 경우는 20%다. 이것을 문의 → 판매로 전환된다는 의미에서 판매 전환율 20%라고 한다.

그러나 레퍼럴 고객은 6개월 이내 차량을 구입할 가능

성이 매우 높은 고객들이기 때문에 판매 전환율이 최소한 30%는 된다. 즉, 10명의 레퍼럴 고객을 소개받으면 다음 달에 최소한 3명의 고객에게 차량을 판매할 수 있다. 이를 판매 전환율 30%라고 한다.

실제로 지난달에 10대를 판매한 영업 사원 굽타를 예로 들어 설명했다.

"굽타, 지난달에 10대 판매했지?"

"네, 그렇습니다."

"그럼 10대 판매한 고객들한테서 신규 가망 고객 20명을 소개받았다고 하자."

"네."

"이 20명은 신규 고객한테 소개받은 '구매 가능성이 매우 높은 고객'들이기 때문에 판매 전환율이 30%는 된다. 그럼 6대는 팔 수 있지?"

굽타가 고개를 끄덕였다.

"그러면 6대 판매한 고객들로부터 12명의 신규 가망 고객을 또 받을 수 있고,

지난달 판매되지 않고 남은 고객 14명과 합하면 26명의 가망 고객이 자네 손에 있는 셈이지."

"네, 맞습니다."

이런 식으로 지속하면 3개월 동안만 이 프로그램을 따라해도 월 8대 판매, 총 34명의 가망 고객을 확보할 수 있다. 표 참조 이를 월별 도표로 만들면 1년 후에는 80대 이상 표 참조 을 팔 수 있다는 결론이 나온다. 물론 이를 100% 이행했을 때의 결과이지만 50%만 실천해도 한 달에 40대는 판매할 수 있다는 결론이 나온다. 이처럼 **레퍼럴 프로그램은 아주 강력한 판매 향상 방안이었다.**

첫 달에 10대를 판매한 직원의 레퍼럴 판매 증가 추이

(단위: 대, 명)

구 분	1월	2월	3월	4월	5월	6월
판매 대수	10	6	8	10	13	17
신규 고객	20	12	16	20	26	34
잔여 고객		14	18	24	31	40
총 고객		26	34	44	57	74

구 분	7월	8월	9월	10월	11월	12월
판매 대수	22	29	38	49	64	83
신규 고객	44	58	76	98	128	166
잔여 고객	52	67	87	114	148	193
총 고객	96	125	163	212	276	359

1. 판매 대수: 레퍼럴 고객 판매 전환율 30%로 계산한 판매 숫자
2. 신규 고객: 차량을 판매한 고객으로부터 소개받은 고객
3. 잔여 고객: 지난달 소개받은 고객 중 판매로 전환되지 않은 고객
4. 총 고객: 지난달 잔여 고객과 이달 소개받은 고객을 합한 숫자

롤플레잉(Role-Playing)
자신감으로 신뢰를 얻다

세 번째 핵심 사항은 영업 사원들의 제품 지식 및 고객 설득 스킬 향상이었다. 최고의 방법은 '롤플레잉 Role-Playing'였다.

"여러분, 이 쇼룸이 최고의 교육장입니다! 우리가 판매할 모든 차종이 다 있잖아요!"

'매일 아침 30분 롤플레잉 규칙'

영업 사원 두 명이 짝을 이룬다. 한 명은 고객 역할을, 다른 한 명은 영업 사원 역할을 맡는다. 실제 상황처럼 차량 설명부터 계약까지 연습하고, 다음 날은 역할을 바꿔서 진행한다. 매일 이렇게 하면 고객들의 어떤 질문에도 막힘없

이 답할 수 있다. 고객은 그런 영업 사원을 신뢰한다.

이렇게 현장을 누비면서 딜러 사장 설득과 교육을 진행한 결과는 놀라웠다. 내 교육 지침을 성실히 이행한 많은 영업 사원들의 판매 실적이 월등히 향상되기 시작했다. 그리고 딜러들로부터 영업 사원 교육과 수익 증대에 대한 감사 인사를 받기 시작했다. 더 중요한 것은 영업 사원들의 눈빛이 달라진 것이었다. 목표가 생기고, 방법을 알게 되고, 자신감을 갖게 된 그들의 모습은 정말 든든한 전사들이었다. 이를 통해 전장의 병사들이 강해야 한다는 내 믿음이 맞았다는 확신도 갖게 되었다.

마지막 당부
의지를 담은 실천

교육을 마무리하며, 영업 사원들에게 마지막으로 당부의 말을 남겼다.

"지금까지 인생의 목표 설정, 레퍼럴 액티비티, 롤플레잉 그리고 나머지 7가지 실천 사항들을 말씀드렸습니다. 제가 아무리 판매 향상을 위한 좋은 방법을 제시해도, 결국 실천하는 사람과 그렇지 않은 사람으로 나뉠 뿐입니다. 이제는 여러분의 결심과 선택의 시간입니다. 한 가지 분명한 것은 제가 제시한 방법들이 여러분의 판매 향상에 최고의 해법이라는 점입니다. 믿고 실천해 주시길 간절히 부탁드립니다."

"하지만 실천보다 더 중요한 것이 있습니다. 무엇일까요? 실천하기로 마음먹고 시작하셨다면 '꾸준히, 매일' 하는 것입니다. **매일 꾸준히 하는 사람이 결국 승리자**가 됩니다. 오랫동안 성실하게 교육에 참여해 주셔서 감사합니다."

몇 달 후에 한 영업 사원에게서 반가운 연락이 왔다.

"지난달에 30대를 판매했습니다. 좋은 교육 정말 감사드립니다."

해야 할 목표와 의지를 일깨워줘서 고맙다는 인사도 함께 전해왔다. 뿌듯함과 함께 더욱 열심히 교육해야겠다는 의욕이 샘솟았다.

적은 비용
큰 효과의 판촉 전략

영업 사원 교육을 마친 후에는 딜러 사장 및 세일즈 매니저와 별도로 2시간의 회의를 했다. 이들에게도 꼭 실천해야 할 판촉 방법을 교육했다. 내가 제시하는 방법은 비용이 들지 않으면서 효과가 뛰어난 판촉 방법이었다.

첫째, 매주 우수 사원 5kg 쌀 포상 인센티브.

처음에 이런 제안을 하니 무슨 뚱딴지같은 이야기를 하느냐며 비웃기까지 했다. 매주 판매 우수직원들에게 5kg 고급 쌀_{인도에서는 주식이 쌀이고 고급 쌀은 영업 사원들이 비싸서 못 사 먹는다.}을 포상으로 준다. 처음에는 '이런 것도 포상이냐'라는 반응을 보인다. 그러나 한 주씩 지나가면서 포상 받는 직원들이 나타나면 영업 사원들 간에 경쟁이 생긴다. 이 쌀을 부인이나 어머니에게 전해주면 주부 입장에서는 쌀을 안 사도 된다. 또한, 쌀을 많이 받아오게 되면 남편이 일을 잘해서 받아오는 상품이라고 자랑도 하게 된다.

"왜 쌀 안 받아와? 일 열심히 해서 쌀 받아와!"

나중에는 아내가 남편을 독려하는 효과 남편은 힘들겠지만도 있다. 이런 설명에 딜러 사장은 웃음을 터뜨렸다.

둘째, 하루에 2,000건의 문자 메시지 보내기.

고객 혜택, 할인 행사, 신차 런칭 등 고객에게 도움이 되는 정보를 매일 2,000명의 고객에게 발송해라. 고객들이 일주일에 한 번은 혜택 내용을 받아볼 수 있도록 보내면 된다. 이를 꾸준히 보내면 98%의 고객은 문자를 지워버린다. 보통 2% 정도의 고객 신차 구입을 고려 중인 고객으로부터 회신이나 문의가 온다. 따라서 하루에 40명의 고객 문의를 받을 수 있으며, 이를 잘 대응하면 판매로 연결할 수 있다.

셋째, 매월 판매 우수 사원 레스토랑 이용권 지급.

전월 우수 사원 1명, 전월 대비 50% 이상 판매 신장 직원 1명 선정. 약 10만 원 상당의 레스토랑 이용권 포상. 레스토랑 이용권은 직원 부인이나 어머님 앞으로 보낼 것. "당신 남편, 자식이 열심히 일해서 우수 사원으로 선정됐다"는 감사 편지도 함께. 이렇게 되면 가족 모두의 응원과 격려를 받으면서 영업 사원은 더욱 열심히 일할 수 있다.

넷째, 무상 정비 캠페인을 통한 고객 데이터 확보.

매주 한 번씩 아파트 단지나 공원에서 고객 차량 무상 정비 서비스를 제공한다. 이를 통해 딜러의 평판을 향상시킬 수 있고, 차량등록증을 통해 고객의 차량 정보를 파악할 수 있다. 특히 구매한 지 5년 이상 된 고객 데이터를 확보하고 지속적인 관리를 통해 판매로 전환시킬 수 있다. 한국의 경우에는 공간 확보 문제로 어려울 수 있으나, 인도에서는 충분히 실행 가능한 전략이다.

다섯째, 액세서리 판매 인센티브 제도를 통한 수익성 개선.

기존에는 대부분의 딜러가 액세서리 인센티브를 지급하지 않아, 판매 동기가 부족한 상황이었다. 예를 들어, 차량 한 대당 10가지 액세서리를 모두 판매하여 100만 원의 매출이 발생할 경우, 액세서리 수익의 20%를 영업 사원에게 인센티브로 지급한다. 이렇게 되면 영업 사원들이 액세서리 판매에 적극적으로 임하게 되어 전체적으로 수익성이 향상된다.

인도는 상하 위계질서가 엄격히 지켜지는 사회로, 딜러

사장이 막강한 권한을 행사한다. 딜러 사장의 지시 없이는 영업 사원들이 움직이지 않는 특성이 있다. 이러한 조직 문화를 고려하여, 영업 사원 교육을 마친 후에는 반드시 딜러 사장 및 세일즈 매니저와 별도의 회의 시간을 가졌다. 이는 내가 제안한 판촉 방안과 영업 사원 교육이 현장에서 실행될 수 있도록 의사 결정권자의 확실한 지지를 확보하기 위함이었다.

> 가장 중요한 핵심은 진정성과 신뢰였다. 딜러들이 나를 믿고 따라주지 않았다면 아무 소용없는 일이었을 것이다. 내가 제시하는 판촉 방안 및 교육이 옳다는 확신이 있었다. 그리고 시간이 지나면서 그 진정성을 딜러들이 알아주기 시작했고 결과를 만들어 냈다.

7

땀과 노력은
오해를 해소하는 열쇠다

" 불평하거나 변명하지 마라. 불공평해 보인다면 두 배로 일하라. "

—

에이미 추아

결과로 증명하면
평가는 따라온다

지난 1년 반, 동부 지역 전체 딜러와의 신뢰 구축에 집중했다. 진심을 담아 제안한 판촉 전략을 딜러들이 적극적으로 실행해 주었다. 이런 진심 어린 노력과 딜러들의 신뢰 덕분에 마침내, 1년 반 만에 48%의 판매 신장이라는 놀라운 결과를 만들어내게 되었다.

딜러들에게 제안하고 교육했던 판촉 방안

1. 그리팅 액티비티(Greeting Activity)
2. 레퍼럴 액티비티(Referral Activity)
3. 해피니스 체크리스트(Happiness Checklist)
4. 롤플레잉(Role-Playing)
5. 영업 사원 증원
6. 신규 딜러 확장
7. 영업 사원 교육
8. 판촉 방법 교육

내가 제시하는 판촉 방안을 믿고 실천하게 만드는 것이 가장 중요한 사안이었다. 처음에는 딜러들의 믿음을 얻고, 실천하게 만드는 것이 마치 벽을 마주하는 느낌이었다. 그러나 샘플 딜러의 성공이 다른 딜러들에게 자신감을 주었던 것이다. 그리고 영업 사원 교육을 통해 판매를 신장시킨 것이 성과를 낸 핵심이었다.

최종 성과

- 2007년: 월 평균 980대 판매. 시장 점유율(M/S) 18%
- 2008년: 월 평균 1,450대 판매. 시장 점유율(M/S) 25%

하지만 이 숫자들이 만들어지기 불과 일 년 반 전, 내가 들었던 말은 정반대였다.

"조기 퇴근에 회의 시간에 졸기나 하고… 일하는 태도가 영 좋지 않아."

인도 부임 초기, 법인장님은 나를 노골적으로 불신했었다. 낯선 환경에서의 적응보다 더 힘들었던 것은 바로 이러한 '오해'와 '편견'이었다. 억울함에 밤잠을 설쳤지만, 변명은 아무런 힘이 없다는 것을 깨달았다. 현장을 누비며 흘린 땀과 노력의 결과물이 오해를 풀고 인정을 받는 지름길이었던 것이다.

나를 질책하셨던 법인장님은 회의 시간마다 나를 칭찬했고, 동료들은 "법인장님의 총애를 받는 유일한 사람이 되었다."라고 말했다. 돌이켜보면 나를 향했던 날선 비난과 오해야말로 나를 가장 강력하게 만든 원동력이었다.

불신을 극복
모범 사례가 되다

어느 날 판매실장님이 콜카타로 처음 출장을 오셨다. 아내와 함께한 저녁 식사 자리에서 실장님은 진지하게 칭찬의 말을 해 주었다.

"정 차장이 정말로 일을 잘하는 직원이에요. 판매 실적으로 그걸 증명했어요."

그리고 국내영업본부에 나처럼 일을 잘하는 직원을 추천해 보라고 말씀하셨다.

"국내영업본부의 판촉과장 경력이 있고, 영어만 조금 할 수 있으면 누구든지 와서 잘할 수 있습니다."라는 의견을 제시했다.

이때부터 인도 판매 주재원 공모를 낼 때 '국내영업본부 판촉과장 출신 우대'라는 조건을 걸었다. 그 이후로 국내영업본부의 많은 판촉과장들이 인도 주재를 신청하는 계기가 되었다. 국내영업본부는 우수 인재를 해외에 빼앗긴다며 반대했다. 판촉과장 출신 우대 조건에 이의를 제기했고, 2년 후 이 항목은 사라졌다. 하지만 몇 명이라도 해외 주재원 기회를 줄 수 있었던 것에 보람을 느낀다.

돌이켜보면 갖은 오해와 마음의 상처도 받았었다. 그런 수모를 참고 견뎌내면서 반드시 성과를 보여주겠다고 다짐했었다. 그리고 드디어 좋은 평가가 나오니 정말 기뻤고 나 자신을 칭찬해 주고 싶었다. **상사의 오해를 받더라도 최선을 다하면 반드시 극복할 수 있다**는 것을 몸소 증명한 소중한 경험이었다.

> 이 경험을 통해 오해를 풀기 위해 노력하기보다 성과로 보여주면 된다는 것을 깨달았다. 작은 실수에 얽매이지 말고 자신이 가야 할 길을 뚜벅뚜벅 걸어가라. 인정받으려고 애쓰지 말고 묵묵히 결과를 만들어내는 것이 중요하다.

8

진심으로 이끌고, 후배의 길을 밝혀라

"리더는 길을 알고, 걷고, 보여주는 사람이다."

—

존 C. 맥스웰

모두 나눌 때

진짜 리더가 된다

2009년 3월, 콜카타에서 델리로 근무지를 옮기라는 전화를 받았다. 1년 반 동안 콜카타를 포함한 동부 지역을 성장시켰으니 이제 판매 비중이 가장 큰 델리를 맡으라는 명령이었다. 콜카타는 판매 목표가 월 1,000대였고, 델리는 월 8,000대를 해야 하는 인도의 핵심 지역이었다. 그 명령은 내 판매 실력을 공식적으로 인정해주는 것과 같아 자부심을 느꼈다. 한편으로는 큰 시장에서 새로운 도전을 해야 한다는 설레는 마음으로 델리로 향했다.

델리 지역 판매 향상을 위해 그동안 시행하여 성공을 거둔 모든 판촉 방안 및 영업 사원 교육을 전파했다. 각 지역에 있던 판매책임자들은 하루 한 번씩은 판매 향상 방안, 딜러 관리 방법, 마케팅 방안 등 많은 것을 내게 물어보곤 했다. 내 경험과 노하우를 아낌없이 이야기해 주었다. 이 당시 나는 판매에 자신이 있었다.

1. 효율적 판촉 방법
2. 체계적인 영업 사원 교육
3. 진심으로 딜러의 신뢰를 얻는 설득
4. 성과로 증명하는 실천
5. 신속한 신규 딜러 개발

효과적이고 실천 가능한 방법으로 성과를 내고 있었기 때문이다. 그리고 영업 사원들을 어떻게 직접 교육시키는지에 대한 문의도 해왔다. 내가 교육한 방법, 내용, 판매 향상 전략 등 모든 것을 후배들에게도 알려주었다.

12시간 강의
3시간 약속의 효과

하루는 서부 지역 판매책임자로부터 전화가 왔다. 세일즈 매니저들을 대상으로 1박2일 워크샵을 계획 중인데 어떤 내용으로 하면 효과적인지 문의해 왔다.

"첫 워크샵은 어떤 방식으로 진행하셨습니까?"

"아침 8시부터 밤 8시까지, 12시간 동안 판매 분석 자료만으로 강의했습니다."

"워크샵 이후에 판매가 향상됐나요?"

"전혀 효과가 없었습니다."

그 이야기를 듣고, 나는 과거에 성공적으로 진행했던 워크샵 경험을 공유해주었다. 당시 워크샵에서 내가 강조했던 사항들은 다음과 같았다.

1) 매월 판매 목표 100% 달성

2) 매일 아침 롤플레잉 실시

3) 고객을 감동시켜 판매한 고객에게 가망 고객 2명 소개받기

4) 노란 우산을 활용한 아침 인사 매일 실시

5) 영업 사원 10계명 실천 여부 확인

나는 수많은 워크샵을 직접 진행하고 또 참석해 보면서 한 가지 결론을 내렸다. 강조할 내용은 간단하고 명료해야 한다는 것. 그리고 가장 중요한 것은 머리로 아는 것이 아니라 직접 실천해서 성과를 만드는 것이었다.

과연 어떻게 실천하게 할 것이냐가 워크샵의 핵심이었다. 나는 판매 분석 자료 발표를 오전 9시에 시작하여 12시에 마쳤다. 3시간에 걸쳐 핵심 사항을 중점적으로 강조했다. 오후에는 동기 부여 프로그램으로 인도 직원들의 사기 진작에 최고의 효과가 있는 크리켓 경기 프로그램을 진행했다. 그리고 저녁 만찬 자리에서는 세일즈 매니저들에게 다섯 가지 핵심 사항을 실천하겠다는 약속을 받아냈다. 만찬을 마치며 마지막으로 무대 위로 올라가 이렇게 말했다.

"여러분들이 나와의 약속을 실천하는지 반드시 점검할 것입니다!"

현장에서 판매를 책임지고 있는 세일즈 매니저들은 실제로 무척 바쁘다. 복잡하게 설명하면 이해하기 어렵기 때문에, 간단하고 명료하게 핵심만 전달해야 한다. 그리고 이를 실천하는지 후속 조치 follow-up를 통해 반드시 점검하는 것이 워크샵의 성공을 좌우한다.

이 당시 각 지역 책임자들 역시 국내에서 판촉과장을 경험하고 인도로 온 베테랑들이었다. 내가 이들에게 가장 중요하게 코칭했던 것은 바로 '설득 방법'이었다. 아무리 좋은 판촉 방법을 딜러에게 제공해도 이들이 움직이지 않으면 효과는 나타나지 않는다. 나는 성공 모델 딜러였던 사이니, 리퍼브릭 현대를 설득했던 과정도 상세하게 설명해 주었다. 딜러들의 마음을 움직였던 핵심은 바로 '영업 사원 교육'이었다. 영업 사원 교육을 통해 판매가 늘어났고, 이는 곧 딜러들의 수익 증대로 이어졌기 때문이다.

그때부터 각 지역 판매책임자들도 딜러를 방문할 때마다

영업 사원들을 직접 교육했다. 어느 날 남부 담당자가 전화를 걸어와 나를 '판매 구루Guru'라고 불렀다. 판매의 달인이자 자신들의 멘토 역할을 하는 교육자라는 의미였다. 과분한 칭찬이었다.

> 후배들에게 도움이 된다면 알고 있는 모든 것을 알려줄 것이다. 언제든지 연락해라.
> "저는 여러분의 '구루'가 아니라, 물심양면으로 돕는 조력자 Supporter입니다."

퇴근 후 이야기

신입 사원 면접

"빵틀에서 찍어내는 느낌이"

2018년 봄, 아중아 아프리카, 중동, 아시아 실장으로 일하던 나에게 예상치 못한 통보가 왔다. 신입 사원 면접 위원으로 선정되었다는 것이었다. 면접 당일, 신입 사원들의 조별 토론을 지켜보았다. 토론이 끝나고 자유 질의 시간이 되자, 나는 회사에서 실제로 고민하고 있던 문제를 질문해 보기로 했다. 그 당시 쏘나타 하이브리드 개선 모델이 출시되었지만 생각보다 판매가 잘 되지 않는 상황이었다. 나는 이런 질문을 해보았다.

"쏘나타 하이브리드의 판매를 올리려면 어떻게 하면 좋을까요? 이미 가수 이적 씨를 광고 모델로 기용했고, TV 광고와 빌보드 등 여러 마케팅도 해봤는데 판매가 잘 안 되고 있거든요. 예산은 걱정하지 마세요. 10억이든 100억이든 상관없어요. 조금 엉뚱해 보이거나 실현이 어려워 보이는 아이디어라도 괜찮으니까 자유롭게 말씀해 주세요."

그런데 나온 답변들은 대부분 비슷했다.

"광고 모델을 바꿔보는 건 어떨까요."

"인터넷 마케팅을 늘리면 좋을 것 같습니다."

"할인 혜택을 주면 어떨까요."

솔직히 말하면 조금 아쉬웠다. 물론 틀린 답은 아니었지만, 어디서 많이 들어본 이야기들이었다. 모든 답변을 들은 후 내가 평소에 생각해둔 아이디어를 말해보았다.

"제가 생각해본 방법이 있는데요. 4인 가족 100팀을 모집해서 부산 5성급 호텔에서 2박 3일 무료 여행을 제공하는 겁니다. 대신 서울에서 부산까지 쏘나타 하이브리드로 가면서 연비 경쟁을 하는 거예요. 가장 높은 연비를 기록한 팀에게는 쏘나타를 선물로 드리는 겁니다. 이 전 과정을 언론에 공개해서 화제를 만들고, 실제 연비 데이터도 얻을 수 있으니까 일석이조가 아닐까 싶어서요."

"와, 정말 참신한 아이디어네요!"

지원자들이 눈을 반짝이며 반응했다. 문득 너무 어려운 질문을 한 건 아닐까 하는 생각이 들었다. 면접이 끝난 후 인사팀에서 소감을 물었다. 나는 조심스럽게 내 생각을 말했다.

"개인적인 느낌일 수도 있지만, 요즘 지원자들이 너무 비슷한 답변을 하는 것 같아요. 마치 같은 틀에서 찍어낸 듯했습니다."

부족하지만 전하고 싶은 이야기

만약 정말로 그 회사에 들어가고 싶다면, 단순히 면접 기술을 익히는 것보다는 그 회사를 진심으로 이해하려고 노력해보면 어떨까? 마치 내가 그 회사의 일원이 된 것처럼 고민해보고, 나름의 해결책을 생각해보는 것 말이다. 쉽지 않은 일이라는 것을 안다. 하지만 그런 진정성은 분명 면접관에게도 전해지리라 생각한다.

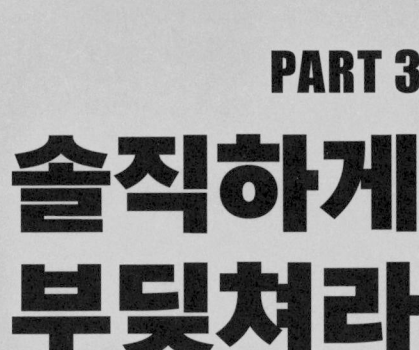

PART 3
솔직하게
부딪쳐라

열린 마음으로 동행하기

사람의 마음은 쉽게 따라오지 않는다.

리더십은 기술이 아니라 사람을 향한 진정성이다.

나를 희생하고 남을 돕는다는 자세로

동반자의 길을 함께 걸어가야 한다.

1

리더의 첫걸음,
마음을 얻는 일부터 시작하라

" 리더십은 지휘가 아니라, 맡은 사람들을 돌보는 일이다. "

―

사이먼 시넥

'마음을 얻은 한 끼의 기적'

김밥과 유부초밥

2005년 8월, 문산지점장 발령장을 받았다. 첫 출근 날, 직원들 앞에서 당당히 선언했다.

"이 지점을 전국 최우수로 만들기 위해 왔습니다. 함께 해 봅시다!"

하지만 현실은 냉혹했다. 두 달째 판매 목표 미달. 신임

지점장에게는 치명적인 성적표였다. 고민 끝에 파격적인 제안을 했다.

"다음 달부터 매일 아침 7시, 전 직원이 전단지 배포에 나섭시다."

팀장들의 반응은 예상대로였다.

"매일은 무리입니다. 주 3일 월, 수, 금은 어떨까요?"

"좋습니다. 대신 아침은 제가 책임지겠습니다."

그날 밤, 아내에게 미안한 제안을 했다. 15인분 김밥과 유부초밥을 새벽마다 함께 준비하자고 했다.

"굳이 그렇게까지 해야 할까요? 근처 식당도 많은데요."

"이런 정성이 직원들 마음을 움직일 수도 있을 거예요."

새벽마다 아내와 함께 정성껏 준비한 김밥과 유부초밥을 들고 전단지를 배포한 활동은, 마침내 판매 목표 100% 돌파라는 놀라운 결실을 맺었다. 아내의 새벽 수고도 이제 끝낼 수 있게 되었다. 성공의 진짜 비결은 전단지가 아니었다. 매일 아침 받아 든 따뜻한 한 끼가 직원들의 가슴에 불을 지폈고, 그 진심이 '해보자'는 의지로 번져 나가 결과를 만들어 낸 것이다.

지점장 철학 실천
한 사람씩 마음으로 소통

 이 경험을 통해 나는 지점장으로서 나아가야 할 방향을 정립하게 되었다. 첫 번째는 직원들의 마음을 사로잡는 것이고, 두 번째는 그들에게 확실한 동기를 심어주는 것이었다. 그래서 나는 일주일에 2~3일, 영업 사원 한 명씩 따로 시간을 내 저녁을 함께했다.

 격식을 차린 회식이 아니라 진짜 속마음을 털어놓을 수 있는 자리로 만들었다. 그 자리에서 나는 직원들에게 이렇게 말했다.

 "솔직히 말해봐. 나한테 바라는 게 뭐야? 뭐가 필요하든 다 지원해줄 테니까 편하게 얘기해. 단, 조건이 하나 있다. 매월 직급별 판매 목표는 무조건 100% 달성이다!"

 한 명 한 명 돌아가면서 이야기를 들어보니 각양각색의 사연과 요청 사항들이 나왔다.

 "내가 할 수 있는 건 다 해주겠다. 이번엔 진짜 최우수 지점을 만들어보자!"

 13명의 직원들과 개인 면담을 진행하던 중, 특별히 기억에 남는 직원이 있었다. 김 대리였다. 선후배들로부터 '뽀식이'라는 별명으로 불리는 그는 한 달에 2~3대 정도를 판매했다. 그에게는 특별한 점이 있었다. 후배 직원들을 성심껏 챙기며 인간적인 존경을 받는, 성품 좋은 직원이었다. 저녁을 함께하는 자리에서 직설적으로 물었다.

"자네 현대차 영업 사원을 계속할 거야? 아니면 퇴사하고 개인 장사를 할 거야? 이런 식으로 계속 판매하면 진급도 안 되고, 평생을 후배 팀장 아래에서 지내야 하는데 그래도 괜찮겠어?"

김 대리의 답변은 의외였다.

"현대차는 계속 다닐 거고요, 후배 아래에서 근무해도 괜찮고, 진급도 별로 관심이 없습니다."

마치 자포자기하고 있는 모습이었다. 나는 이 친구에게 동기 부여를 통해 희망을 줘야겠다고 생각했다.

"진급시켜 주십시오"
협박이 아니라 간절한 요청

"김 대리, 올해 직급 판매 목표를 달성해봐! 그러면 내가 책임지고 과장 진급을 시켜 주겠어. 한번 해보겠어?"

그리고 구체적인 조건을 제시했다.

"매일 직원들과 술 마시는 건 줄이고, 고객 상담을 해도 10시까지는 반드시 집에 들어갈 것, 매월 직급 판매 목표 필히 달성. 이 약속을 지키면 판매와 관련해서 필요한 건 내가 전부 지원해 줄게."

김 대리는 내 제안에 동기부여가 되었는지, 한번 해보겠다고 다짐했다. 그 이후 김 대리는 이전과는 확연히 달라진 태도로 판매에 임하기 시작했다. 회사에서는 영업 직원들을 대상으로 '스타 에이스Star Ace'라는 제도를 운영하고 있었다.

- 원 스타(One Star): 3개월 동안 판매 우수 직원에게 포상금을 지급한다.
- 투 스타(Two Star), 쓰리 스타(Three Star)로 올라갈수록 판매 대수에 따라 포상금도 올라간다.

나와 약속한 지 4개월 후, 김 대리는 3개월간의 우수한 판매 실적으로 입사 후 처음으로 원 스타One Star에 해당하는 포상금을 받았다.

"남편이 달라졌어요"

김 대리의 노력

다음 날 아침, 예상치 못한 전화가 걸려왔다. 김 대리 부인이었다.

"지점장님, 정말 감사합니다. 지점장님이 오신 이후에 남편이 많이 변했어요. 입사 후 처음으로 포상금도 받았습니다. 지점장님 덕분입니다."

나는 겸손하게 답했다.

"김 대리가 스스로 미래에 대해 고민해서 변한 거지, 제가 한 일은 없습니다. 김 대리가 더욱더 열심히 일할 수 있도록 내조를 잘 부탁드립니다."

그해 김 대리는 직급 판매 목표를 달성하여 나와의 약속을 지켰다. 이제 내가 해야 할 일은 진급시켜주겠다는 약속을 지키는 것이었다. 연말 진급 발표 전에 지역 본부장님을 개인적으로 찾아갔다.

"김 대리의 과거 실적이 안 좋아 진급하기에는 부족합니다. 하지만 제가 올해 직급 목표를 달성하면 진급시켜주겠다고 약속했습니다. 이 친구를 진급시키지 못한다면, 저는 지점장으로서 직원들을 이끌 수 없습니다."

본부장님은 농담조로 물었다.

"나를 협박하는 거냐?"

"네, 협박에 가까운 간절한 부탁입니다."

본부장님의 지원 덕분에 김 대리는 연말에 과장으로 승진했다. 김 대리 사례를 통해 '사람에게 **진심으로 다가가 정성을 담아 이야기**하면 변화시킬 수 있다.'는 중요한 교훈을 얻었다. 문산지점에서 김 대리는 내가 공을 들인 영업 사원 중 가장 성공적인 사례였다. 이러한 노력들이 모여 문산지점은 마침내 그해 최우수 지점으로 선정되었다. 최우수 지점 상패를 직원들에게 전달하며 말했다.

"최우수 지점은 여러분들이 만든 것이고, 저는 단지 지원자였습니다."

> 리더십은 직원들에게 무엇을 시키는 것이 아니라, 그들의 마음을 움직여 스스로 변화하고 싶게 만드는 것이다. 새벽에 준비한 김밥 한 줄이 직원들의 마음을 열었고, 진심 어린 약속 한 마디가 한 사람의 인생을 바꾸었다. 리더는 먼저 자신이 변해야 하고, 직원들의 성장을 위해 기꺼이 희생할 각오가 되어 있어야 한다

2

위험을 다스려
기회를 만든다

" 가장 큰 위험은 어떤 위험도 감수하지 않는 것이다. "

—

마크 저커버그

일주일간 무전취식

"얼굴이 왜 까만가요?"

2011년 7월 중순, 인도 주재를 마치고 본사 아프리카 팀장으로 복귀했다. 해외 주재원으로 나가기 전까지는 영업소와 계동 본사에서만 근무했다. 한국으로 복귀한 뒤 처음 양재동 본사 사옥으로 출근하게 되었을 때는 모든 것이 낯설었다. 양재동 사옥 지하 2층에는 직원 식당과 헬스장, 수영

장까지 있었다. 해외 근무 시절에도 아침 6시에 헬스장에서 한 시간씩 운동하고 출근하는 습관을 지켜왔다.

 출근 첫날 헬스장을 이용하고 나오는데, 마침 직원 식당에서 아침 식사를 제공하고 있었다. '와, 회사가 직원 복지 차원에서 아침까지 무료로 제공하는구나'라고 생각하며 일주일 정도 아무런 거리낌 없이 아침을 먹었다. 일주일 뒤 회식 자리에서 내가 한 말은 이랬다.
 "요즘 회사가 좋아져서 아침을 공짜로 주더라고."
 직원들이 모두 폭소를 터뜨렸다. 알고 보니 입구 키오스크에서 2천 원짜리 쿠폰을 구입해 배식대에 내야 식사가 가능했다. 그 사실을 전혀 모르고 나는 꼬박 일주일 동안 무전취식을 한 셈이다. 다음 날 아침 식당에 가 보니 정말로 직원들이 쿠폰을 사서 내고 있었다. 그 자리에서 그동안 몰랐다고 양해를 구하고, 일주일 치 식사 쿠폰 값을 모두 정산하며 식사를 했다. 지금 생각해도 민망한 기억이다.

 헬스장을 두 달쯤 다니다 보니 요일별로 나오는 사람들의 수가 크게 달랐다. 특히 화요일과 금요일에는 평소의 3분의

1도 안 되는 인원만 나왔다. 처음에는 이유를 알 수 없었지만, 나중에 알고 보니 직원들이 월요일과 목요일에 술을 많이 마시는 문화가 있었다. 술자리가 있던 다음 날인 화요일과 금요일 아침에는 헬스장에 거의 나오지 않았던 것이다. 당시 회사에서는 '현대차는 술로 달린다'라는 농담이 있을 정도로 회식 문화가 강했다.

나는 늘 아침 5시에 헬스장에 도착해 운동을 시작했다. 그런데 공교롭게도 내 라커는 임원들의 라커와 붙어 있었다. 좌측에는 이원희 사장님, 그 옆에는 기아의 박한우 사장님, 뒤쪽에는 서보신 사장님의 라커가 있었다. 덕분에 아침마다 자연스럽게 사장님들과 인사를 나누었고, 때로는 운동을 마친 후 간단히 보고 드릴 기회도 생겼다. 아침 운동을 마치고 기분이 상쾌할 때라, 오히려 짧은 보고가 효율적이었다. 낮에 결재를 올리면 이미 아침에 들으신 내용이 있어 흔쾌히 승인해 주시는 경우도 있었다.

하루는 운동을 마치고 이원희 사장님과 단둘이 엘리베이터를 타게 되었다. 사장님이 내 얼굴을 보며 웃으며 말씀하셨다.

"정 팀장, 운동하고 샤워는 했나? 얼굴이 왜 이렇게 까만가? 안 씻은 사람 같네."

사실 내 얼굴이 원래 까무잡잡한 편인데다 인도에서 막 복귀한 터라 거의 까마귀 수준이었다. 농담을 하신 것이었다. 나도 웃으며 이렇게 답했다.

"샤워는 했습니다. 그런데 제가 밤 11시 30분에 태어나서 얼굴이 좀 까만 편입니다. 낮에 태어났으면 좀 더 하얬을 텐데요."

이 대답에 사장님은 파안대소하셨고, 나도 함께 웃으며 엘리베이터를 내렸다. 이렇게 사소한 농담 한마디에도 서로 간에 유쾌한 공감대가 생겼다. 나는 헬스장을 단순한 운동의 공간으로만 여기지 않고, 관계를 쌓고 배우는 또 하나의 현장으로 삼았다.

정시 퇴근

아프리카팀이 인기팀으로

팀장으로 부임한 뒤, 가장 먼저 한 일은 팀원들과 일대일 면담이었다. 직원들의 애로사항을 듣고 싶었기 때문이다.

그런데 공통적으로 나오는 이야기가 있었다.

"퇴근 시간이 너무 늦어요. 도저히 못 견디겠습니다."

실제로 이 문제 때문에 아프리카팀으로 오고 싶어 하는 직원들이 거의 없었다. 아프리카에는 58개 국가가 있고, 팀원 여섯 명이 각각 10개 국가씩 맡아 요청 사항을 처리했다. 문제는 시차였다. 아프리카의 오전 시간이 한국 시간으로 오후 3시에서 6시 사이였다. 이 시간대에만 전화와 이메일이 원활히 오갔다. 많은 아프리카 대리점들이 업무 처리가 늦는 편이라, 한국 시간으로 저녁 7~9시 무렵에야 요청 사항을 보내왔다.

그러다 보니 팀원들이 이를 처리하느라 밤 늦게까지 남아 있게 된 것이다. 나는 먼저 대리점들의 업무 패턴을 면밀히 살폈다. 문의 내용은 대부분 '기술 지원'이나 '도움'을 원하는 것이었다. 그렇다면 굳이 우리가 그들의 시간에 끌려갈 이유가 없다고 판단했다. 그래서 팀원들을 모두 모아놓고 이렇게 지시했다.

"앞으로 모든 문의는 한국 시간으로 오후 3~5시 사이에 보내라고 하세요. 이 시간 안에 접수된 건은 당일 처리하고 피드백을 드립니다. 하지만 그 이후에 들어온 요청은 다음 날 처리할 겁니다."

이 방침을 내 이름으로 공지 메일을 작성해 전 대리점에 발송하도록 했다. 동시에 팀원들에게는 "오후 6시 정각에 반드시 퇴근하세요!"

라고 말했다. 나는 이유를 이렇게 설명했다.

"대리점이 우리에게 요청하는 입장인데, 왜 우리가 그들의 시간에 끌려다녀야 합니까?

목마른 사람이 우물을 파는 법입니다. 우리가 일을 주도해야 합니다. 매일 밤 9~10시까지 남아 있다 보면 피로만 쌓이고 효율도 떨어집니다. 결국 '아프리카팀은 매일 야근한다'라는 소문만 돌 겁니다. 그렇게 되면 누가 이 팀에 오고 싶어 하겠습니까?"

이 지침을 강력하게 시행하자 처음에는 혼란도 있었지만, 6개월이 지나면서 상황은 눈에 띄게 달라졌다. 팀원들이 제시간에 퇴근할 수 있게 되면서 만족도가 크게 높아졌다. 일과 삶의 균형이 생기니 업무 집중력도 오히려 나아졌다. 그리고 1년쯤 지나자, 그동안 기피 대상이던 아프리카팀에 오고 싶다는 지원자가 늘어나기 시작했다. 팀원들을 배려하는 올바른 결정이 결국 팀의 성과와 매력으로 이어진 것이다. 리더가 **팀원들의 시간을 존중하면, 팀은 자연스럽게 살아난다.**

옳은 판단
성과를 만든다

2012년 1월, 남아프리카공화국 대리점에서 연락이 왔다. '올해의 차'Car of the Year, COTY를 선정하는 투표권을 가진 기자 30여 명을 한국으로 초청하고 싶다는 것이다. 남아공 대리점은 무려 30년 동안 COTY 수상을 노려왔지만 번번이 실패했다. 경쟁사들은 현지에서 CKDComplete Knock Down, 부품을 분해해서 현지에서 조립하는 형태 공장을 운영하고 있었다. 현지 생산을 통해 국가 기여도를 강조하며 매번 수상의 영광을 가져갔다. 반면 남아공 대리점은 완성차 수입 판매만 했기 때문에 불리한 위치에 있었다.

마침 그 시기, 현대차는 신형 엘란트라Elantra를 출시했고,

포드Ford의 토러스Taurus와 치열하게 COTY 수상을 놓고 경쟁 중이었다. 나는 이 기회를 반드시 살려야겠다고 생각했다. 대리점 판매책임자인 알란Alan에게 기자들이 한국 방문 중 가장 해보고 싶은 것이 무엇인지 조사를 부탁했다. 며칠 후 답변이 왔다. 기자들의 소망은 의외로 단순했다.

'한국에서 스키를 타보고 싶습니다. 특히 올림픽이 열릴 예정인 평창에서요!'

즉시 홍보팀에 이 의견을 전달했다. 하지만 홍보팀의 답변은 단호했다.

"우리는 회사 규정에 맞는 공식 행사만 진행할 수 있습니다. 스키장 방문은 안전상의 이유로 절대 불가합니다."

솔직히 서운했다. 안전을 이유로 드는 것은 이해했지만, '털끝만큼의 위험도 감수하지 않으려는 것이 과연 옳은가' 하는 생각이 들었다. 팀원들과 상의 끝에 결론을 내렸다. 스키장 행사는 우리가 직접 진행하자. 버스를 예약하고, 호텔 객실을 확보했으며, 스키복과 장비를 모두 마련했다. 초보자를 위한 강습도 준비했고, 기자 5명당 안전 요원 1명을 배치해 혹시 모를 사고에 대비했다. 저녁 만찬까지 꼼꼼히 준비해 두었다.

행사 당일, 기자들은 평창의 설원에 도착하자 눈을 반짝였다. 마침 오후에는 눈까지 내리기 시작했다. 기자들은 생전 처음 본 한국의 설경과 눈 내리는 풍경을 사진으로 찍어 SNS에 올리고, 가족들에게도 전하며 큰 감동을 표현했다. 행사는 그야말로 대성공이었다.

스키장 행사가 수상으로 직결되었는지는 확신할 수 없지만, 그해 남아공 대리점은 창사 이래 처음으로 COTY를 수상하는 쾌거를 이루어 냈다. 30년 만의 숙원이 이루어진 것이다. 정의선 부회장님께서는 직접 축전을 보내 주셨다.

홍보팀의 의견에 따라 평창 스키장 행사를 하지 않을 수도 있었다. 그러나 그 당시 나는 COTY 수상이 중요했고, 스키장 경험이 수상에 도움이 될 것이라 생각했다. 그래서 과감하게 위험을 감수하고 스키장 행사를 진행했던 것이다. 목표를 위해서는 작은 위험을 감수하고 나아가는 추진력과 판단력이 필요하다는 것을 경험한 순간이었다.

리더는 불편한 상황을 피하지 않고 그 속에서 기회를 찾아내는 사람이다. 나는 아침 헬스장에서 사장님들과 자연스럽게 관계를 쌓고, 야근 문화를 바꿔 아프리카팀을 인기 팀으로 만들며, 안전을 핑계로 거절당한 스키장 행사를 직접 성사시켜 30년 숙원을 이뤘다. 진정한 리더는 위험을 기회로 바꾸는 용기와 지혜를 가져야 한다. 옳은 판단과 과감한 실행만이 진정한 성과를 만들어낸다.

3

열린 마음으로 경청하라

" 대답하려고 듣지 말고, 이해하려고 들어라. "

―

스티븐 코비

팀장의 고민
'욕 값' 이야기

2017년은 아프리카 지역 판매 부진으로 대리점들로부터 주문을 받기가 매우 어려운 상황이었다. 특히 사우디 대리점들이 주문을 중단하면서 큰 위기를 맞았다. 이 때문에 사업부장은 매일 아침 7시부터 모든 팀장과 실장을 소집해 주문 확보 회의를 진행했다. 회의실의 공기는 6개월째 얼음장

처럼 차가웠다.

사우디는 이미 8개월치 재고를 보유하고 있어 추가 주문의 여력도 의지도 없는 상태였다. 이런 상황에서 사업부장은 중동 담당 이 팀장을 계속 압박하는 방식으로 회의를 진행했다. 6개월간 이런 분위기가 계속되던 어느 날, 회의를 마치고 나온 이 팀장의 얼굴이 유난히 어두웠다. 그는 내게 다가와 힘없이 물었다. "제가... 정말 무능한 걸까요?" 나는 퇴근길에 그의 어깨를 붙잡았다.

"이 팀장, 오늘 저녁 나랑 한잔하자."

술잔을 채워주며 무겁게 입을 열었다.

"이 팀장, 그 마음 내가 알겠네. 나라고 별다를 것 있었겠는가. 사실 나도 예전엔 상사 말 한마디에 밤잠 못 이루던 '유리 멘탈'이었다네. 그런데 어느 순간 깨달았지. 그렇게 속 끓여봐야 나만 손해라는 것을. 그 뒤로는 꾸지람을 들어도 딱 고쳐야 할 내용만 새겨듣고, 기분 나쁜 감정은 그날 바로 털어버리려고 노력했어. 어차피 우리가 사업부장 기대를 100% 맞추는 건 불가능하지 않나? 너무 마음에 담아두지 말게."

자리가 끝날 무렵, 나는 슬쩍 웃으며 마지막 잔을 채웠다.

"혹시 급여명세서를 꼼꼼히 본 적 있나? 급여 금액이 적힌 뒷면을 자세히 들여다보면 희미한 글씨가 하나 적혀 있어. 바로 '욕 값'이라고 쓰여 있어. 욕먹는 것도 우리 월급에 다 포함된 거니 너무 억울해하지마."

내 농담에 이 팀장이 '픕' 하고 웃음을 터뜨렸다. 그 웃음 덕에 무거웠던 분위기가 한결 가벼워졌고, 우리는 자리에서 일어설 수 있었다.

솔직함이 최선
신뢰에서 용기가

2017년 봄, 주문 문제 해결을 위해 두바이로 향했다. 현지 지역 본부장인 김 이사에게 단도직입적으로 말했다.

"김 이사님, 현장의 목소리를 숨기지 말고 전부 말씀해 주십시오. 이 내용은 제가 책임지고 사장님께 직접 보고해서, 반드시 해결책을 찾아오겠습니다."

그러자 김 이사는 기다렸다는 듯이 입을 열었다.

"판매 목표가 너무 비현실적입니다. 재고를 소진할 시간도 없이 계속 밀어붙이니 현장은 죽어갑니다. 내년 계획에서 적어도 10만 대는 줄여주셔야 숨통이 트일 겁니다."

당시 아프리카 지역본부의 연간 판매 목표는 38만 대였다. 이 중 사우디가 연간 10만 대를 차지하고 있었으나, 8개월 치 재고가 쌓여 있어 주문을 할 수 없는 상황이었다. 당시에는 목표 물량을 줄인다는 말조차 꺼내기 어려웠다. 판매 목표 100% 달성은 반드시 해내야 하는 지상 과제였고, 이를 달성하지 못하면 능력 없는 사람으로 취급받는 분위기였다. 그 때문에 누구도 섣불리 목표를 줄여 달라는 말을 꺼내지 못했다.

이런 상황에서 사장님께 솔직히 보고를 드리는 것은 쉽지 않았다. 김 이사가 고심 끝에 건의한 내용이었지만 어떻게 보고를 드려야 할지가 고민이었다. 팀장들은 혹시라도 나에게 피해가 올까 봐 모두 솔직한 보고를 말렸다. 그러나 김 이사의 고뇌에 찬 얼굴, 지역본부 직원들의 힘겨운 한숨 등이 눈앞을 스쳤다. 나마저 이들의 힘겨운 싸움에 등을 돌려서는 안 되겠다고 결심했다. 출장 후, 나는 어떤 피해든 감수할 각오로 사장님께 지역본부의 목소리를 그대로 전해드렸다. 현장의 절박함을 외면해서는 안 된다고 생각했기 때문이다.

"이 요청이 받아들여지지 않으면, 아프리카는 더 큰 위기에 빠질 것입니다. 목표 축소로 당장 물량이 줄더라도, '이는 더 큰 도약을 위해 잠시 움츠리는 것과 같습니다."

사장님께서도 당장의 물량 감소는 쉬운 결정이 아니셨다. 그러나 아프리카 지역본부의 어려움을 진정성 있게 전하는 내 모습을 믿고 과감하게 승인해 주셨다. 그 결과 재고 정리를 위한 판촉비가 지원되었고, 다음 해 판매 목표도 10만대 줄었다. 이 결정이 내려지자 김 이사에게서 전화가 걸려왔다. 그의 목소리에는 진한 고마움이 묻어 있었다. 나에 대한 작은 신뢰가 그에게 솔직하게 말할 용기를 주었던 것이다.

리더의 힘
잘못을 인정하는 용기

2018년 5월, 알제리 CKD Complete Knock Down 배송에 문제가 발생했다. 외주 포장 업체의 실수로 파손된 부품이 현지에 도착한 것이다.

알제리 대리점 사장은 불같이 화를 내며 본사에 항의했

다. 보고를 받자마자 나는 박 팀장에게 내 명의로 공식 사과 메일을 보내라고 지시했다. 그러자 박 팀장은 잠시 망설이더니, 조심스럽게 입을 열었다.

"실장님, 지금 실장님 명의로 메일을 보내시면 모든 책임을 우리가 뒤집어쓸 수 있습니다. 이 문제는 우리 책임이라기보다 외주 업체 책임이니, 일단 현장에 직접 가서서 상황을 확인하시고 구두로 사과하며 대책을 논의하는 편이 훨씬 안전합니다."

그의 말을 듣는 순간 머리를 한 대 맞은 것 같았다. 박 팀장의 의견이 백번 옳았다. 나는 즉시 내 지시를 철회하고 알제리행 비행기에 올랐다. 현지에서 직접 파손된 부품을 확인하고, 대리점 사장에게 정중히 사과하며 적극적인 지원을 약속했다.

> 리더의 진짜 힘은 자신의 판단을 고집하는 '뚝심'이 아니라, 더 나은 의견을 기꺼이 받아들이는 '유연함'에 있다. 내 의견이 틀렸으면 과감히 인정해야 한다. 무조건 우기면 '아집'이 되고, 그 순간 리더 자격을 상실한다. 리더란 부하의 마음을 헤아리고, 무너진 자존심을 다시 일으켜 세우는 역할도 해야 한다.

4
큰 리더는
큰 배움을 준다

" 거인의 어깨 위에서 세상을 본다. "

—

아이작 뉴턴

리더십의 현장
정의선 부회장과 전용기 출장

2017년 1월 인도 두 번째 주재를 마치고 본사 아중아_{아프리카, 중동, 아시아} 실장으로 복귀했다. 각 지역 실장들은 정의선 부회장님의 담당 지역 출장 시 규정에 따라 동행해야 했다. 같은 해 5월 중동 출장을 전용기로 떠나게 되었다는 연락을 받았다. 김포공항 인근 비즈니스 라운지에 위치한 전용기

탑승장은 새로운 경험이었다. 부회장님이 도착하시면 별도의 출국 심사 없이 바로 탑승이 가능했다. 상상했던 것보다 훨씬 큰 규모의 항공기였다. 450억 원 규모의 기체에는 비즈니스석 25석이 여유롭게 배치되어 있었고, 기내식과 서비스 수준도 일반 항공기를 훨씬 뛰어넘었다.

특히 인상적이었던 것은 이륙 후 안내 방송이 일절 없다는 점이었다. 고요하면서도 편안한 비행 경험은 지금도 선명하게 기억에 남는다. 입국 또한 전용 통로를 통해 신속하게 처리되었다. 출장 기간 내내 부회장님은 동행한 직원들이 편안한 출장을 할 수 있도록 세심하게 배려해 주셨다.

첫 목적지는 요르단이었다. 대리점 방문을 마친 후 세계문화유산인 페트라 견학이 예정되어 있었다. 출장에서 가장 주의를 기울여야 하는 순간 중 하나는 저녁 만찬이었다. 통상 2시간 가까이 이어지는 식사 시간 동안 대리점 사장과 부회장님 간의 자연스러운 대화를 이끌어내는 것이 관건이었다. 이를 위해 사전에 대화 소재를 준비하는 것도 나의 역할 중 하나였다.

현대차와 20년 이상 파트너십을 유지한 배경과 부회장님께 드릴 건의 사항 등을 자연스럽게 화제로 삼을 계획이었다. 다만 대리점 사장에게는 질문 내용을 사전에 공유하지 않았다. 부회장님께서 형식적이거나 준비된 대화보다는 진솔한 소통을 선호하셨기 때문이다. 식사 자리에서 제기한 질문들은 대리점 사장의 솔직한 답변을 이끌어냈다. 현대차와 장기간 파트너십을 유지해온 이유에 대해 그는 이렇게 답했다.

"문제가 발생했을 때 가장 신속하고 적극적으로 대응해주는 회사가 바로 현대차입니다. 다른 어떤 회사도 이렇게까지 해주지는 않거든요."

초기 쏘나타 품질 이슈가 발생했을 당시 현대차의 즉각적인 대응을 통해 신뢰 관계가 구축되었다고 설명했다. 타 브랜드들과는 확연히 다른 고객 중심적 접근이 오늘날까지 이어지는 파트너십의 토대가 되었다. 대화가 심화되면서 주제는 자연스럽게 현대차의 글로벌 경쟁력과 미래 전략으로 확장되었다. 세계 시장에서 현대차의 위상 변화에 대한 나의 견해를 피력했을 때, 부회장님은 한층 깊이 있는 관점을 제시하셨다.

"진정한 경쟁력은 외부의 인정에서 오는 것이 아닙니다. 우리 스스로가 품질과 기술력에서 탁월함을 달성할 때, 고객들의 인정은 자연스럽게 따라오는 결과일 뿐입니다."

이 말씀을 통해 진정한 경쟁력의 본질을 깊이 깨달았다. 외부의 평가에 얽매이기보다 우리 스스로 역량을 강화하는 것이 핵심이라는 것을. 더불어 미래를 전망하는 경영자의 통찰력까지 엿볼 수 있었던 귀중한 시간이었다. 만찬 후 이어진 페트라 야간 투어에서 부회장님은 유적지의 관리 상태를 면밀히 살펴보셨다. 세계적 문화유산임에도 불구하고 관리가 미흡한 부분들을 확인하신 후, 간결하게 지시하셨다.

"지원 방안을 검토해보십시오. 우리가 할 수 있는 일이 무엇인지 말입니다."

귀국 후 전기 버스 공급, 환경 개선, 와이파이 인프라 구축 등을 포함한 3개년 지원 계획을 수립하여 보고드렸고, 부회장님의 승인을 받았다. 이후 요르단 문화관광청과의 협력 사업이 실제로 추진되어 페트라의 관광 환경이 크게 개선되었다.

로봇 업무 NO
출장은 문화 YES

부회장님과 여러 차례 출장을 함께하면서 늘 하시던 말씀이 있었다.

"출장을 단순히 일로만 보지 마세요. 그 나라를 이해하려고 노력해야 합니다."

어느 날 이스라엘 출장길에 올랐다. 회의 전에 부회장님은 가이드를 대동하고 우리를 통곡의 벽으로 이끄셨다. 그리고 말씀하셨다.

"출장을 가면 하루, 혹은 반나절이라도 시간을 내어 반드시 현지 역사와 문화를 체험하세요. 그래야 그 나라를 제대로 이해할 수 있고, 업무 협의에서도 공감대를 만들 수 있습니다."

당시만 해도 출장이라 하면 업무 일정을 소화하는 것만이 전부였다. 문화 탐방은 '일하지 않고 노는 것'이라 여겨졌다. 하지만 부회장님은 달랐다. 비즈니스의 핵심은 결국 사람이고, 사람을 이해하려면 그들의 뿌리인 역사와 문화를 알아야 한다는 철학을 가지고 계셨다.

나는 곱씹어보았다. 그동안 나의 출장 방식은 로봇 같았다. 어디를 가든 업무 보고, 딜러 방문, 회의만 반복했다. 수십 명의 현대차 직원이 와서 똑같은 이야기만 하고 돌아갔다. 대리점 입장에서는 그 모습이 얼마나 지겹고 형식적으로 보였을까? 부회장님의 이런 지시를 받고 이집트 출장길에 피라미드 내부를 처음 볼 수 있는 기회를 가졌다. 이집트 출장을 3번 정도 다녀왔지만, 피라미드는 차창 밖으로 '아, 저게 피라미드구나' 하고 스쳐 지나가며 본 것이 전부였다.

이번에는 가이드와 함께 피라미드 내부를 직접 견학한 후, 이집트 대리점 오너인 가보르Ghabbour와 피라미드에 대해 처음으로 깊이 있는 대화를 나눌 수 있었다. 이집트의 역사를 듣고 나니 이 나라에 대한 이해도가 크게 높아졌다. 가보르 역시 흥미진진하게 이집트와 피라미드에 대해 상세히 설명해 주었다.

모로코 출장에서는 카사블랑카에 위치한 대리점과의 업무 협의를 마치고, 모로코의 수도인 라바트Rabat를 방문하게 되었다. 모로코의 수도가 라바트라는 것을 이때 처음 알았다. 모로코 대리점은 연간 1만 대 정도를 판매하는 규모였다. 솔직히 말하면 모로코에 대해 다소 과소평가하고 있었다. 당시 판매 책임자들은 판매 물량이 큰 국가를 우선시하는 경향이 있었기 때문이다. 그러나 라바트를 직접 방문하고 나서는 이런 생각이 완전히 바뀌었다. 라바트는 정말 아름다운 도시였다. 커다란 강이 유유히 흘러 바다와 만나는 지점에 자리한 그 도시의 경관은 말로 표현할 수 없을 만큼 장관이었다.

역사와 문화를 공유하며 나눈 대화는 단순한 비즈니스 차원을 뛰어넘어 그 나라와 사람들에 대한 깊은 이해로 이어졌다. 그 순간, 출장의 본질이 단순한 성과 보고가 아니라 상대국을 이해하고 공감하는 과정임을 비로소 알게 되었다. 이후 직원들에게도 출장 시 반드시 문화 탐방을 포함하라고 지시했다. 이는 단순한 지시가 아니라, 내가 직접 경험한 사례와 교훈을 바탕으로 새로운 출장 문화를 만들어가는 과정이었다.

가족 사랑 휴가
재충전의 힘

2019년 봄, 사업부장으로 근무하던 중 인사팀으로부터 임원들은 '가족사랑 휴가'를 사용하라는 메일을 받았다. 상·하반기 각각 5일씩 의무적으로 휴가를 써서 재충전하라는 제도였다. 외국인 중역들은 장기간 휴가가 보장되는데, 한국 임원들은 단 하루도 제대로 쉬지 못하니 역차별이라는 얘기가 나오고 있었다.

부회장님이 이런 보고를 받고 '가족사랑 휴가'라는 제도를 시행하라고 지시했다. 나는 회사가 만든 제도의 취지를 존중해야 한다고 생각했고, 5일간의 휴가 계획을 제출했다. 그러나 해외영업본부 15명의 임원 중 5일을 채운 사람은 나를 포함해 단 두 명뿐이었다. 여전히 '눈치'와 '두려움'이 지배하던 문화였다. 가족과 함께 떠난 경주. 부산 여행길, 아내는 휴게소에서 심각한 얼굴로 물었다.

"회사에서 잘린 건 아니죠? 주중에 이렇게 한가하게 여행을 갈 리가 없잖아요. 솔직히 말해도 괜찮아요. 혹시 무슨 일이라도 생긴 건가요?"

나는 웃으며 인사팀의 메일을 설명했다. 그제야 아내의 얼굴이 밝아졌다. 여행은 그 어느 때보다 여유로웠다. 도로는 한산했고, 숙소는 저렴했으며, 여행지도 붐비지 않았다.

돌아와서는 팀장들과 팀원들에게도 이 제도의 취지를 설명하며 적극 활용하라고 권유했다.

> 비즈니스의 본질은 사람이고, 사람을 이해하려면 로봇 같은 업무 처리를 넘어 상대방의 역사와 문화까지 포용하는 넓은 시각이 필요하다. 가족사랑 휴가와 같은 새로운 제도를 솔선수범하여 정착시키는 것 또한 리더가 갖춰야 할 덕목이다.

5
하면 된다는 도전정신이 변화를 만든다

" 어려움 한가운데에 바로 기회가 있다. "

―

알베르트 아인슈타인

아시아 진출
전략을 바꾸면 길이 열린다

2019년 봄, 부회장님과 말레이시아 출장길에 올랐다. 부회장님은 출장자들과의 회의 자리에서 이렇게 질문하셨다.

"아시아 지역에 공장을 건설할 방법이 정말 없는 건가요?"

현대차는 10년 넘게 말레이시아, 베트남, 인도네시아, 태국, 필리핀 등 아시아 시장 진출을 검토해 왔다. 그러나 번번이 '가격 경쟁력 부족과 적자'라는 결론만 나왔다. 일본 업체들이 이미 40년간 시장을 장악하고 있었기 때문이다. 나는 출장 두 달 전부터 인도네시아에 대해 시장 조사를 진행하고 있었다.

그러던 중 인도네시아에 약 2,000개의 자동차 부품 업체가 존재한다는 자료를 확보했다. 그 순간 '기존에 검토한 방식이 혹시 잘못된 것이 아닐까?'라는 생각이 들었다. 그동안 검토해온 자료를 분석해 보니 잘못된 방향으로 검토해 왔다는 것을 알 수 있었다. 여태껏 불가능하다고 결론을 냈던 아시아 진출 전략 보고서에는 '한국 부품 업체들과 동반 진출'이라는 전제가 깔려 있었다. 이것이 아시아 시장 진출을 불가능하게 만든 주요인이었다. 부품 업체 동반 진출 시에는 비용이 눈덩이처럼 불어난다. 부지 매입, 시설 설치, 주재원 파견, 부품 수입까지 모든 것이 비용이다.

'부품 업체 없이는 진출이 어려우니 동반 진출을 전제로 검토하라'는 과거의 접근 방식은 뻔한 결과로 이어졌다. 수익은 적자, 결론은 진출 불가. 이런 악순환의 반복이었다.

"부회장님, 부품 업체 동반 진출이 아니라 인도네시아의

2,000개 부품 업체를 활용하면 충분히 수익성을 확보할 수 있습니다."

부회장님은 귀국 후 구체적 진출 전략을 보고하라고 지시하셨다. 두 달간의 준비 끝에 아시아 진출 전략을 보고했다. 보고를 마치자 사장단에서는 베트남이 더 좋다는 의견을 냈다.

"왜 베트남이 아니라 인도네시아인가? 이유가 무엇인가?"

나는 명확히 답했다.

"베트남의 연간 자동차 수요가 30만 대에 불과하고 부품 업체도 전무합니다. 따라서 한국 부품 업체가 함께 나가야 하는데, 이럴 경우 손익을 맞출 수 없습니다.

반면 인도네시아는 인구 2억 8천만 명, 연간 100만 대의 자동차 산업 수요, 그리고 2,000여 개 부품 업체가 있습니다. 현지 부품 업체를 활용하면 수익성이 담보된 진출 방안을 찾을 수 있습니다."

결국 인도네시아가 최종 거점으로 선정되었고, 전사 TFT가 꾸려져 진출 방안을 본격 추진하게 되었다. 2년에 걸친 검토 끝에 2022년 3월, 인도네시아에 아시아 시장 공략을 위한 첫 공장이 들어서게 되었다. 10년 넘게 '불가능'이라는 결론만 반복됐던 아시아 진출의 돌파구를 찾아낸 것이다. 기존의 '한국 부품 업체 동반 진출' 방식에서 벗어나 **'현지 부품 업체 활용'이라는 새로운 접근법**으로 수익성을 확보할 수 있었다. 숙원 사업이었던 아시아 거점 구축에 초석을 놓았다는 사실에 자부심을 느꼈다. 물론 이는 나 혼자의 성과가 아니라 전 팀원이 한마음으로 이뤄낸 결실이었다.

일본 업체가 40년간 지배해 온 시장을 개척하기 위해서는 아직도 가야 할 길이 멀다. 현지에서 지금도 고군분투하며 역경을 헤쳐 나가는 후배들을 응원한다. 지금 흘린 땀이 반드시 보상으로 돌아오리라는 것을 믿고 굳건하게 그 길을 나아가기를 바란다.

사우디 공장 건설
정주영 회장의 주베일 정신

인도네시아 진출 전략 보고를 마친 직후, 사우디 상공부 장관님이 아산 공장을 방문하고 싶다는 요청이 들어왔다. 공장 견학을 마치고 가진 면담에서 장관님의 첫마디는 인상적이었다.

"나는 지금도 정주영 회장님의 주베일 산업 도시 건설을 기억하고 있습니다. 정주영 회장님의 훌륭한 업적을 사우디 국민들도 자랑스럽게 여깁니다."

장관님은 사우디에도 아산 공장 같은 훌륭한 공장을 짓고 싶다며, 서로 상생할 수 있는 방안을 찾아보자고 제안했다. 나는 긍정적으로 검토해보겠다고 답변했지만, 속으로는 '사막에 공장을? 말도 안 되는 소리'라고 생각했다. 면담 내용을 이원희 사장님께 보고드리니, 사장님께서는 사우디 측에서 재차 요청이 오면 사업성 검토를 해 보자는 의견을 말씀하셨다.

장관님이 사우디로 돌아간 지 일주일 후, 종합적인 컨설팅을 받아보자는 제의가 들어왔다. 약 3개월 후 나온 최종 보고서의 결론은 이랬다. '사우디에 완성차 공장 진출은 당장 어려우니, 우선 5~10만 대 규모의 CKD Complete Knock Down 공장부터 건설하자. 이후 수요가 증가하면 완성차 공장으로 확장하는 것이 현실적이다.'라는 내용이었다. 사우디 측에서는 완성차든 CKD든 어떤 형태라도 좋으니 프로젝트를 시작하자고 연락이 왔다. 사안의 중요성을 감안한 사장님은 부회장님께 보고할 것을 지시하셨다.

99% 불가능
1% 가능성에 집중하라

부회장님은 TFT Task Force Team를 구성해 진출 방안을 구체적으로 검토하라고 지시하셨다. 그러면서 이 의제를 처음 보고한 나를 TFT 팀장으로 지목하셨다. 솔직히 골치 아픈 프로젝트를 맡게 되었다는 생각이 들었지만, 어차피 맡은 일이니 최선을 다해보자고 마음을 다잡았다.

완성차든 CKD든 공장 건설에는 생산기술, 재경, 구매, 영업, 상품, 인사, 총무 등 거의 모든 부서가 참여해야 한다. TFT 구성 인원만 20명에 가까웠다. 전체 TFT 첫 미팅 자리에서 현대차와 사우디 측의 협의 내용을 설명하고 팀원들의 의견을 듣는 시간을 가졌다. 그런데 아무도 의견을 내지 않은 채, 말도 안 되는 프로젝트를 진행한다는 표정이었다. 이 침묵을 깨야겠다고 판단해 내가 가진 생각을 솔직하고 진지하게 말했다.

"여러분 얼굴을 보니 '사우디 공장 건설이라니, 터무니없는 프로젝트로 사람들 시간만 낭비시키는 것 아닌가'라는 생각을 하고 계신 것 같습니다. 나도 처음에는 여러분들과 똑같은 생각이었습니다. 하지만 지금은 조금 다른 관점을 말씀드리고 싶습니다. 황무지는 개척자에게는 기회의 땅입니다. 우리는 중동 최초라는 역사를 쓸 것입니다. 과거 정주영 회장님께서는 '이봐, 자네 해보기는 했나?' 이 한마디로 불가능을 현실로 만드셨습니다. 우리도 99% 불가능을 보지 말고 1%의 가능성에 집중합시다. '안 된다'라는 생각 대신 '어떻게 할 것인가'를 함께 찾아냅시다. 정주영 회장님의 도전 정신을 계승하여, 중동에 현대차의 깃발을 꽂는 새로운 역사를 우리가 만들어 봅시다."

그러자 부정적이던 분위기에 변화의 조짐이 보였다. 팀원들이 하나둘 고개를 끄덕였다.

"팀장님, 그럼 1%의 가능성을 믿고 한번 해봅시다!"

이렇게 시작된 프로젝트는 2024년에 사우디에 CKD 공장 건설 발표라는 결실을 보게 되었다. 사우디라는 불모지에 최초로 진출하는 쾌거를 이룬 것이다. **정주영 회장님의 도전 정신과 모든 직원들의 열정**이 만들어낸 결과였다.

> 불가능해 보이는 일도 관점을 바꾸면 새로운 길이 보인다. 99%의 불가능보다 1%의 가능성에 집중하고, 기존의 틀에 갇혀 생각하지 말고 창의적인 해결책을 찾으려 노력해야 한다. 도전 정신이야말로 변화를 만들어내는 가장 강력한 원동력이다.

6

기회를 주고, 성장을 도와라

" 리더는 보장을 주는 사람이 아니라, 기회를 제공하는 사람이다. "

―

셰릴 샌드버그

진심의 소통
자연스러운 평가로

2019년, 아중아 아프리카, 중동, 아시아 사업부장으로 일할 때였다. 그 무렵부터 전 임원이 다면 평가를 받게 되었다. 팀원, 동료, 상사 등 사방에서 나를 평가한다니, 솔직히 처음엔 반신반의했다. '결국 인기투표 아닌가? 나를 싫어하는 직원이 작정하고 낮은 점수를 주면 어떡하지?' 하는 불안한 마음이 먼저 들었다. 그러나 결과는 놀라울 만큼 정확하고 객관적이었다.

실제로 성격이 괴팍해 팀원들과 늘 갈등을 빚던 한 팀장은 전체 28명 중 꼴찌를 기록했다. 그는 팀원들에게 고성을 지르고 모욕적인 언사를 뱉는 것은 물론, 소통 자체에 담을 쌓고 지냈다. 결국 팀원 중 한 명이 인사팀을 찾아가 부서 이동을 요청하는 일까지 벌어졌다.

그 무렵, 김 팀장이 터키 주재원으로 나가고 싶다는 의사를 밝혔다. 터키는 우리 사업부 관할이었기에 나도 그의 발령을 추천했다. 하지만 그는 다면 평가 점수 때문에 발령이 좌절되었다. 규정상 점수가 낮으면 해외 주재원으로 나갈 수 없었던 것이다. 그의 상사였던 박 상무에게 이유를 묻자 단순한 대답이 돌아왔다.

"평소에 팀원들과 거의 말을 안 섞는 것 같아요. 다면 평가 시즌이 되니까 부랴부랴 밥 먹자고 하던데, 그런다고 신뢰가 쌓이나요?"

그 말을 듣고 김 팀장을 도와야겠다고 마음먹었다. 마침 청주에 갈 일이 있어 함께 차를 타고 가며 운을 띄웠다.

"김 팀장, 나는 자네의 직속 상사도 아니고 고과를 주는 사람도 아니네. 다만 현대차 선배로서 도움이 되고 싶어. 괜찮다면 솔직하게 얘기해도 될까?"

그는 흔쾌히 고개를 끄덕였다. 나는 내 경험을 들려주었다.

"내가 아중아아프리카, 중동, 아시아 실장이 된 후, 팀원 3명씩 돌아가며 저녁 식사를 했지. 딱딱한 자리가 되지 않도록 각자 요청 사항 세 가지를 미리 생각해오라고 했어. 저녁 자리에서는 준비해온 건의 사항을 이야기하게 했지. 6주에 걸쳐 전 직원과 만났고, 그들의 목소리는 거의 비슷했어. 워라밸, 교육 기회, 자유로운 휴가, 빠른 의사 결정, 해외 주재 기회 등이 주된 내용이더군. 나는 그 자리에서 선언했지. 좋다. 다 들어주겠다. 반드시 실행하겠다."

그 후, 약속을 하나씩 지켜나갔다. 그러자 직원들은 나를 믿고 따르기 시작했고, 다면 평가 점수는 자연스레 높게 나왔다. 하지만 중요한 건 점수가 아니었다. 다면 평가 점수는 '관리'의 대상이 아니었다. 그저 후배들이 정말 잘되기를 바라는 '진심'에 대한 성적표였을 뿐이다. 팀원들은 그 마음을 알아줬고, 좋은 평가가 따라왔을 뿐이다. 나는 김 팀장에게 마지막으로 이렇게 말했다.

"점수 올리려고 애쓰지 마. 그냥 팀원들하고 진솔하게 대화하고 소통해 봐. 점수는 저절로 따라올 거야."

그는 한동안 말이 없다가, 스스로를 돌아보며 인정했다.

"저는 그동안 팀원들에게 잘 보이려고만 했던 것 같습니다. 진정으로 팀원들을 위하는 마음이 부족했습니다."

다면 평가는 억지로 점수를 만드는 시험이 아니다. 리더가 평소 가진 진정성이 그대로 드러나는 거울이다.

순환 보직
"팀원을 평생 책임질 수 있습니까?"

김 팀장과의 대화 이후, 팀원들에게 꾸준히 들었던 건의사항 하나가 머릿속을 맴돌았다. 바로 '부서 이동'이었다. 한 부서에 너무 오래 머물러 성장의 기회를 놓치는 직원들이 눈에 띄게 늘고 있었다. 팀장들을 불러 모아 지시했다.

"팀에서 4년 이상 근무한 직원은 반드시 다른 부서로 보낼 준비를 하세요. 3년 차부터는 희망 부서를 파악하고, 4년차가 되면 해당 부서 팀장과 인력 교환을 협의하세요. 그래야 팀원도 성장하고, 조직도 활력을 찾습니다."

아니나 다를까, 팀장들의 저항이 거셌다.

"이 친구는 우리 팀의 에이스입니다. 지금 나가면 안 됩니다."

말은 그럴듯했지만, 속내는 하나였다. '내가 편하기 위해' 팀원을 붙잡아 두려는 이기심이었다. 나는 단호하게 말했다.

"팀원들을 평생 데리고 일할 겁니까? 그들의 미래를 끝까지 책임질 수 있어요? 그게 아니라면, 더 큰 경험을 할 수 있도록 보내줘야 합니다. **팀장이 편하고자 팀원의 성장 기회를 막는 건, 리더가 할 일이 아닙니다.** 팀원은 팀장의 소유물이 아닙니다. 우리는 잠시 그들의 성장을 돕는 '징검다리' 역할을 할 뿐입니다. 더 넓은 세상으로 나아갈 수 있게 길을 터 주는 게 팀장의 진짜 역할입니다."

이 원칙을 강하게 밀어붙이자, 우리 부서에는 자연스럽게 순환 보직 문화가 자리 잡기 시작했다.

> 리더의 역할은 두 가지로 요약된다. 하나는 진심으로 소통하며 신뢰를 쌓는 것이고, 다른 하나는 개인의 성장을 위해 기꺼이 기회의 문을 열어주는 것이다. 눈앞의 성과나 개인적인 편의를 위해 직원을 붙잡아 두는 사람은 리더가 아니다. 진정한 리더는 사람을 키우고, 그들이 더 큰 무대로 나아갈 수 있도록 등을 떠밀어 주는 사람이다.

> 퇴근 후 이야기

버디의 교훈

'내 뜻대로 된 순간은 몇 번?'

2009년 초, 인도 주재원 3년 차, 콜카타에서 델리로 근무지를 옮긴 후 골프는 단순한 운동을 넘어 숨통을 틔워주는 유일한 탈출구였다. 델리의 빡빡한 한 주를 보상받는 유일한 시간은 토요일 아침, JP 골프 클럽JP CC으로 향하는 차 안에서였다. 일주일간의 스트레스를 드라이버에 실어 날려 보낼 생각에 마음이 설렜다.

JP CC 2번 파4 홀, '깡!' 하는 소름 돋는 타격음. 완벽한 임팩트가 실린 공은 의심의 여지없이 페어웨이 한가운데로 날아가 안착했다. 남은 거리는 100m였고, 등을 살며시 밀어주는 기분 좋은 뒷바람까지 불어왔다. 모든 조건이 나를 위해 준비된 듯한 완벽한 상황이었다.

'음, 뒷바람에 앞핀이라…' 고민 끝에 52도 웨지를 잡았다. 잠시 숨을 고른 뒤, 온전히 공에만 집중해 부드럽게 휘둘렀다. 내 손을 떠난 공은 마치 자석에 이끌린 듯 핀을 향해 날아갔다. 공은 핀 1m 지점에 떨어졌고 기분 좋게 버디를 잡았다. 짜릿한 전율이 등골을 타고 흘렀다. 그날 집에 돌아와서는 여느 때와 달리 그날의 버디를 복기해 보았다. 웨지 선택, 세컨드 샷, 바람 계산, 스윙까지 모든 것이 내 판단과 행동으로 이뤄낸 완벽한 결과였다.

돌이켜보면 내 인생에도 그런 '버디'가 몇 번 있었다. 초조하게 대학과 회사 합격자 명단을 확인하던 순간, 떨리는 목소리로 사랑을 고백했던 순간, 그리고 낯선 정장을 입고 첫 출근을 하던 순간까지. 당시에는 그저 운이거나 노력의 대가라고만 생각했던 그 모든 것이, 사실은 수많은 고민과 결정, 그리고 실행이 완벽하게 맞물려 만들어낸 기적 같은 '인생의 버디'였던 것이다.

그날 이후, 내게 골프는 단순한 스포츠가 아니었다. 18번의 기회 속에서 온전히 나를 마주하고, 그 모든 결과에 책임을 져야 하는 인생의 축소판과 같았다. 버디의 환희도, 보기의 아쉬움도 온전히 나의 것이었다. 이런 생각을 하고 나니 골프가 주는 매력에 새롭게 빠져드는 계기가 되었다.

**STAY STRONG
PUSH ON
OVERCOME**

PART 4
당당하게 나아가라

결국 정도가 정답이다

누구에게나 유혹이 자신을 흔드는 순간이 찾아온다.
원칙과 정직함을 지키는 것은 말처럼 쉽지 않다.
정도의 길을 걸어갈 때 신뢰를 얻고 성과를 만들어낼 수 있다.

1

당당함은 배려에서 시작된다

" 몸가짐이 바르면, 시키지 않아도 따른다. "

―

공자

실적과 배려
리더의 균형점

2001년부터 캐피탈 회사들이 자동차 할부 사업에 뛰어들기 시작했다. 이전에는 자동차 제조사에서 직접 차량 할부금을 관리했지만, 이제 현대캐피탈, LG캐피탈, 삼성캐피탈 같은 전문 회사들이 이 업무를 전담하게 되었다. 회사에서는 당연히 현대캐피탈 실적 향상을 위해 목표를 설정하고 성과를 점검하기 시작했다. 하지만 현실은 녹록지 않았다. 대부분의 직원이 노조원이었기 때문에 현대캐피탈 가입을 강요할 수는 없었다.

2001년 영동영업소 업무 과장 역할을 수행하면서 아침 조회 때마다

"할부로 구입하시는 고객들은 가능하면 현대캐피탈로 가입해 주십시오."

라고 당부했다. 강요했다가는 노조 대의원이 찾아와 항의할 것이 자명했기 때문이다. 더군다나 현대캐피탈은 LG, 삼성에 비해 영업 사원에게 주는 인센티브가 적었다. 이것이 영업 사원들이 현대캐피탈을 기피하는 주된 이유였다. 답답한 마음이었지만, 이러지도 저러지도 못하는 채 시간만 흘러가고 있었다.

매일 아침 영업 사원별 캐피탈 가입 실적이 업무 과장에게 메일로 전달되었다. 이 자료를 통해 송 대리가 지난달 판매한 5대 전부를 LG캐피탈로 가입시켰다는 사실을 알게 되었다. 월초 어느 날, 송 대리가 업무과에서 다른 직원과 대화를 나누고 있었다. 그때 나는 송 대리에게 물었다.

"송 대리, 지난달 5대 판매 전부 현대캐피탈로 가입했지?"

"당연하죠! 업무 과장님이 매일 아침 현대캐피탈을 말씀하시는데, 제가 감히 업무 과장님을 무시할 수 있겠습니까?"

업무과 직원들에게 확인했다.

"송 대리 이야기 다 들었죠? 현대캐피탈에 5대 모두 가입했다고 하네요."

나중에 딴말을 하지 못하도록 여러 사람 앞에서 확인을 받아 둘 필요가 있었다. 송 대리는 내가 모든 자료를 갖고 있다는 사실을 모르고 거짓말을 한 것이었다. 며칠 후 송 대리가 차량 한 대를 빨리 출고시켜 달라고 요청했다.

이 당시에는 신차를 받으려면 계약 후 5~6개월을 기다려야 하는 상황이었다.

"송 대리는 능력이 뛰어나니까 본사에 직접 요청하세요."

옆에서 듣고 있던 소장님이 말씀하셨다.

"정 과장, 평소에 잘 도와주던데 긴급 출고 한 대 정도는 해주지 그래."

"아닙니다, 소장님. 송 대리는 능력이 출중해서 모든 걸 스스로 해결할 수 있습니다."

이틀 후, 송 대리가 또다시 추가 할인을 요청했다.

"송 대리, 본사에 아는 사람도 많을 테니 직접 결재 받으세요."

소장님이 다시 말씀하셨다.

"업무 과장, 평소답지 않네. 왜 그래?"

"소장님, 제가 하는 대로 지켜봐 주십시오."

나는 속삭이듯 말하며 상황을 일단락했다.

먼저 지원하고
당당히 요구하라

송 대리는 그 이후 일주일 동안 결재를 받으러 오지 않았다. 송 대리는 업무과 직원들에게 업무 과장님이 왜 평소와 다른지 물어봤다고 한다.

"업무 과장님이 지난달 5대 전부를 LG캐피탈로 가입한 것을 알고 계십니다. 그런 상황에서 송 대리님께 현대캐피탈로 가입했냐고 물었는데, 그 자리에서 당당하게 '예, 당연히 현대캐피탈로 가입했죠.'라고 거짓말을 하셨어요. 그래서 업무 과장님이 큰 배신감을 느끼고 모든 요청을 거절하고 계신 겁니다."

직원들이 송 대리에게 그간의 내막을 설명해 주었다. 며칠 후 아침, 송 대리가 내 자리로 왔다. 그때 주변에는 결재를 받으려고 여러 명의 직원들이 기다리고 있었다. 송 대리가 솔직하게 말했다.

"업무 과장님, 잘못했습니다. 지난달 5대 전부를 LG캐피탈로 가입했습니다. 죄송합니다. 거짓말을 했습니다."

주변에 있던 직원들이 모두 들을 수 있도록 조금 큰 소리로 말했다.

"제가 여러분 영업하는 데 안 도와준 게 있습니까? 99%는 다 지원해 주었다고 생각합니다. 송 대리, 맞죠?"

"네, 맞습니다. 업무 과장님은 모든 걸 지원해 주셨습니다."

"그럼 저는 뭡니까? 여러분이 요청하는 것은 무조건 해결해 줘야 하는 사람입니까? 제가 여러분의 뒤치다꺼리하는 사람입니까? 저는 모든 걸 해결해 주는 사람이고, 여러분에게 한 가지도 요청하면 안 되는 겁니까? 아침마다 귀가 아프도록 현대캐피탈 가입을 얘기했는데, 제 말은 귓등으로 들었다는 겁니까?"

모든 직원이 들을 수 있도록 계속 이야기했다.

"여러분의 사정을 이해 못 하는 건 아닙니다. 저는 회사

지침을 따라야 하지만 여러분의 사정도 고려해야 하는 이중고가 있습니다. 그래서 무조건 현대캐피탈만을 강요하지 않았습니다. 5대를 판매하면 3~4대는 현대캐피탈로, 할부 금액이 큰 차량은 인센티브 때문에 LG나 삼성으로 가입해도 된다고 했잖아요. 그런데 아침마다 제가 요청하는 현대캐피탈 가입을 완전히 무시했습니다."

마지막으로 송 대리에게 물었다.

"앞으로 제가 요청한 대로 해줄 수 있겠습니까?"

"네, 앞으로는 반드시 그렇게 하겠습니다."

이렇게 대화를 마치고 송 대리가 요청했던 사항들을 모두 해결해 주었다.

이 일 이후 영동영업소의 현대캐피탈 가입 실적이 월등히 개선되었다. 송 대리를 질책하는 모습을 본 직원들이 동료들에게 소문을 냈던 것이다. 앞으로 업무 과장의 지원을 받으려면 현대캐피탈 가입이 중요하다는 것을 알게 된 셈이다. 이런 과정을 겪으며 깨달은 것이 있다. **먼저 열과 성을 다해 지원해주고, 그 다음에야 당당히 요구해야** 한다는 것이다. 지원할 일은 하지 않고 무조건 강요만 해서는 성과가 나타나지 않는다.

이 일로 영업 사원들과 관계가 소원해졌을까? 전혀 그렇지 않았다. 오히려 업무 과장이 진심으로 자신들을 지원해주고, 직원들 사정도 충분히 고려하면서 일을 처리한다는 평판이 퍼져 나가는 계기가 되었다.

> 리더십은 일방적인 강요가 아닌 상호 신뢰에서 나온다. 먼저 열과 성을 다해 지원하면 당당하게 요구할 수 있는 자격이 생긴다. 이렇게 되면 상대방도 진심으로 따르게 되고, 결국 조직 전체의 성과로 이어지는 선순환 구조가 만들어진다.

2

원칙을 지키는 것이 해결책이다

" 평판보다 인격을 먼저 챙겨라. "

—

존 우든

터키법인

'3명의 왕이라고?'

2014년 1월, 폴란드 법인장으로 1년을 근무하고 터키 이스탄불에 판매실장으로 부임했다. 나를 맞이한 것은 절망적인 숫자였다. 판매 실적은 목표 대비 50%에 불과했다. 에르도완 대통령의 특별소비세 30% 인상 발표로 자동차 산업이 직격탄을 맞았다. 산업 수요는 50% 감소, 쇼룸 내방 고객은

70% 감소했다. 보름 동안 시장 상황 분석을 마치고 이스탄불 12개 딜러 순방에 나섰다. 첫 번째 방문 딜러였던 엘마스 Elmas에서 상상할 수 없는 이야기를 듣게 되었다. 딜러 사장은 나와 마주 앉자마자 폭탄을 터뜨렸다.

"터키 법인에 3명의 왕이 있습니다. 이 왕들을 제거해야 해요!"

'아니, 이 친구가 무슨 말도 안 되는 이야기를 하는 거지?'라고 속으로 생각하면서 자세히 설명해 달라고 했다. 그의 답변은 충격적이었다.

"세일즈 sales 플릿 fleet, 플래닝 planning을 담당하는 3명의 현지인 팀장이 딜러들로부터 금품과 향응을 받고 있어요. 이들이 딜러들 위에 군림하고 있습니다!"

기가 막힌 이야기에 맥이 풀리는 기분이었다.

"당신이 직접 뇌물을 줬습니까? 다른 딜러가 하는 걸 목격했습니까?"

"그런 건 아니에요."

아무런 근거도 없이 직원을 모함하는 말을 한다며 화를 냈지만, 마음 한구석에는 불안이 스며들었다. 뭔가 잘못돼 가고 있고, 상황이 심각하다는 느낌을 지울 수 없었다. 엘마

스는 내가 터키로 부임하고 처음 방문하는 딜러였다. 그럼에도 불구하고 '3명의 왕'이라는 믿기 어려운 이야기를 용감하게 던졌던 것이다. 그동안 얼마나 답답하고 힘들었으면 처음 보는 나한테 이런 제보를 할까? 이 이야기의 실체를 반드시 빠르고 정확하게 확인해야만 했다. 만약 이것이 사실이라면 정말 심각한 문제가 될 터였기 때문이다.

나는 터키 법인의 책임자인 온달Ondal을 불러 이스탄불 인근 딜러들의 목소리를 직접 들어보자고 제안했다. 일주일에 걸쳐 15개 딜러의 사장들과 심층 면담을 진행했다. 마지막에 이들에게 솔직한 질문을 던졌다.

"과연 이 3명의 왕이 비즈니스에 실질적인 도움이 되고 있습니까?"

놀랍게도 의견은 정확히 반반으로 갈렸다. 어떤 딜러는 도움이 된다고 했고, 어떤 딜러는 피해를 준다고 했지만 뚜렷한 물증은 제시하지 못했다.

증거나 증인도 찾을 수 없는 답답함과 꺼림칙함 속에서 시간만 흘러갔다. 그러나 뚜렷한 물증 없이는 함부로 조치를 취할 수 없는 중대한 사안이었다.

후세인의 고백
왕을 제거하다

이스탄불 인근 15개 딜러 면담을 마치고 며칠 후, 공항 근처 바이락탈Bairactal 딜러의 후세인Hussein 사장을 만났다. 현대 딜러를 20년간 운영하며 10층 건물까지 새로 지은 성공한 사업가였지만, 과도한 은행 차입으로 딜러를 넘기려 한다면서 도움을 요청했다. 며칠 후 현지 책임자인 온달Ondal과 아침에 커피를 마시던 중 그가 이런 말을 했다.

"어제 후세인에게서 전화를 받았어요. 현대차 사업으로 돈도 많이 벌어 감사한 마음이 있대요. 현대차의 미래를 위해 마지막으로 할 말이 있다고 하네요. 딜러 인수인계가 끝난 후에 말해주겠다고 했어요."

그 순간 번뜩 하나의 생각이 떠올랐다. 엘마스 딜러 사장이 말했던 '3명의 왕' 이야기였다. 후세인이 하려는 말이 바로 이것일 거라는 확신이 들었다. 다음 날 후세인을 만나자마자 단도직입적으로 물었다.

"3명의 왕에게 접대나 뇌물을 주고 있었던 것 아닌가요? 당신이 제게 해주고 싶었던 말이 이것 아닙니까?"

후세인은 깜짝 놀라며 어떻게 알았냐고 물었다. 그제야 그간 겪었던 일을 솔직하게 털어놓기 시작했다.

"1년 동안 분기별로 3명의 왕에게 금품과 향응을 제공했어요. 왜냐하면 그렇게 하지 않으면 딜러 운영이 힘들었기 때문입니다. 렌터카 100대를 계약해도 이들에게 향응을 제공하지 않으면, 그 계약을 뇌물을 받은 다른 딜러에게 넘겨 버렸거든요."

그동안 '3명의 왕'들이 이런 식으로 딜러들에게 군림해 왔다는 것을 생각하니 치가 떨렸다. 후세인 딜러의 인수인계를 한 달 안에 마무리한 후 3명 모두를 해고했다. 당시 판매가 어려운 상황에서 팀장 3명을 해고하는 것이 부담이었지만 그렇다고 이들을 데리고 갈 수는 없었다. '3명의 왕' 자리를 대체할 인원들을 빠르게 섭외했고, 다행히 이들을 해고하기 전에 후보자 물색을 마칠 수 있었다.

고과의 두려움
정도를 택하다

터키 판매실장으로 부임 후 4개월 동안 판매 실적은 매월 70%대를 기록하고 있었다. 쇼룸 방문 고객이 70%나 감소한 상태에서 그나마 선방을 해나가고 있다고 생각하고 있었다. 그러던 5월 판매 마감 즈음 본사 해외영업본부장님에게서 메일이 왔다.

"너, 이따위로 판매하면 인사 고과에 반영하겠다."

수신자는 나, 참조자는 법인장님. 아침에 이 메일을 보고 망연자실하고 있던 차에 3층에서 근무하던 법인장님이 흥분한 목소리로 자기 방으로 오라고 했다.

"우리가 5개월간 목표를 달성하지 못한 건 특별소비세 때문이다. 그걸 뻔히 알면서 이런 메일을 보낼 수가 있나?"

하지만 별다른 뾰족한 방법이 없었다. 법인장님은 내게 난감한 표정을 지으시며 말씀하셨다.

"본부장님이 이런 메일까지 보냈으니 이번 달은 어떻게든 100%를 만들어보자."

잠시 고민했으나 내가 가지고 있던 생각을 소신껏 말씀드렸다.

"두 가지 방법이 있습니다. 하나는 25~30% 할인해서 렌터카 업체에 물량을 파는 겁니다. 또 하나는 서류상으로만 보고하는 것입니다. 두 방법 모두 정상적인 방법이 아니기 때문에 할 수 없습니다. 법인장님, 지금 우리 상황에서는 산업 수요가 빠져서 매달 100%는 불가능합니다. 게다가 소위 '갤러리'라 불리는 편법적인 중고차 판매 방식 또한 근절해야 하는 이중고가 있습니다. 위기 모면차원에서 한 달 100%를 달성하는 건 의미가 없습니다. 이 **순간을 모면하기 위해 편법을 쓰면 상황이 더 악화**됩니다."

법인장님은 고심 끝에 내 의견을 수용하고,

"죄송하지만 85%로 5월 판매를 마감하겠습니다."

라는 답신을 본사로 보냈다. 만약 그때 법인장님이

"이 사람아! 시키면 시키는 대로 해야지!"

하며 군대식 마인드로 얘기했다면, 나는 굉장히 힘들었을 것이다. 법인장님과 싸워야 할까? 아니면 편법 판매를 해야 할까? 선택의 기로에서 무척 힘든 시간을 보냈을 것이다. 그때 법인장님의 현명한 판단과 용기에 감사드린다.

> 회사 생활을 하다 보면 원칙과 현실 사이에서 선택의 기로에 서게 되는 순간들이 반드시 온다. 그때 단기적 성과에 굴복해 편법을 택해서는 안 된다. 비록 당장은 힘들더라도 정도를 걸어가는 것이 결국 더 큰 성과와 신뢰를 가져다준다. 원칙을 지키는 것이 당장은 손해처럼 보일지라도, 결국 조직 전체를 건강하게 만드는 가장 빠른 길이다.

3

판매를 한 단어로
정의해 봐라

" 고객의 마음을 얻을 때 제품은 스스로 빛난다. "

—

피터 드러커

여기는 이스탄불

"지적질하지 마라"

2014년 터키 판매실장 부임 후 이스탄불 딜러를 순방하며 '갤러리 판매Gallery Sales'라는 용어를 처음 접하게 되었다. 이는 일종의 중고차 판매 방식이었다. 인터넷 중고차 판매업체들이 자신의 홈페이지에 현대차 '0마일리지 6~7% 할인'이라는 광고를 게재하여 판매하는 것이었다. 여기서 '0

마일리지'는 신차를 의미하며, 결국 신차를 할인해서 판매한다고 광고하는 것이었다. 현대차를 비롯해 Toyota, VW, Benz, Volvo 등 거의 모든 업체가 이러한 갤러리 판매에 참여하고 있는 상황이었다.

어쨌든 법인과 딜러들의 미래를 위해 편법적인 판매는 없애야만 하는 커다란 숙제였다. 마음이 급했지만 서두르지 않았다. 터키 딜러들의 실제 판매 능력 파악이 급선무였다. 왜 갤러리 판매를 해야 했고, 현재는 편법으로 몇 대나 판매하고 있는지 분석 자료가 필요했다. '지피지기 백전불태知彼知己 百戰不殆'라는 말을 실천했다. 현상을 파악한 결과는 참담했다.

당시 터키 전체 딜러 수는 75개, 영업 사원은 총 450명이었다. 이들이 1인당 월 5대를 판매한다고 가정하면 실제 판매량은 2,250대에 불과했다. 하지만 월 판매 목표는 4,000대였으므로, 나머지 1,750대4,000대 − 2,250대의 간극을 바로 '갤러리'라는 편법 판매로 채워왔던 것이다.

나는 판매를 책임지는 사람으로서, 새로운 지역에 갈 때마다 영업 사원의 수를 가장 먼저 확인하곤 했다. 모든 일이 그렇듯 영업 또한 결국 사람이 하는 일이라고 믿었기 때문이다. 터키의 상황도 다르지 않았다. 그곳에서도 핵심은 사람이었다. 매월 판매 목표 100%를 달성하기에는 영업 인력이 턱없이 부족했다. 딜러 사장들의 욕심 때문이었다. 영업 사원은 투자 대상인데 투자는 안 하고 돈만 벌려고 하니 편법이라는 무리수가 따랐던 것이다. 매월 판매 목표 100%를 달성하기 위한 방안을 분석한 끝에 다음과 같이 결론을 내렸다.

영업 사원 350명을 추가 채용해 800명으로 운영해야 한다. 영업 사원 1인당 월 판매 5대 기준으로 계산하면 월 4,000대 판매가 가능하다. 이렇게 해야 이 당시 터키 법인의 매월 판매 목표인 3,800~4,000대 달성이 가능하다는 분석이 나왔다. 영업 사원 수를 늘리기 위한 시범 딜러를 찾기 위해 이스탄불의 엘크Erk 딜러를 방문했다. 협조적인 딜러를 찾아야 했는데, 마음이 급한 나머지 성급하게 행동했던 것 같다. 딜러 사장은 내가 제시하는 판촉 방법과 영업 사원 증원 계획에 대해 부정적인 반응을 보였다. 면담이 진행되던 중 딜러 사장이 제안을 했다.

"정 실장님, 솔직하게 얘기해도 될까요? 첫 만남이지만 저는 솔직한 대화를 선호해서요."

"물론입니다. 저도 솔직한 대화를 좋아합니다. 기탄없이 의견을 말씀해 주세요."

"정 실장님이 이스탄불에 오신 지 얼마나 되셨습니까? 한 달 정도로 알고 있는데, 저는 이스탄불에서 15년 동안 현대 딜러를 운영해 왔습니다.

그러니 시장은 제가 더 잘 알고 있다고 생각합니다. 한 달밖에 안 되신 분이 이런저런 판촉을 하라고 제안하는 것은 받아들이기 어렵습니다."

결국 '시장도 제대로 모르면서 건방지게 나한테 지시하느냐'라는 뜻이었다. 순간 '예상 밖의 반응이군. 오늘 대화가 쉽지는 않겠어.'라고 생각했지만, 나는 표정 하나 바꾸지 않고 침착하게 대답했다.

"당신 말이 맞습니다. 저는 이스탄불에 온 지 한 달밖에 안 됐습니다. 그러니 이스탄불 시장은 당신이 저보다 더 잘 아실 겁니다. 하지만 판매에 관해서는 제가 더 많은 경험을 가지고 있다고 생각합니다. 어떻게 하면 판매를 늘릴 수 있는지 진지하게 토론해 봅시다. 제 말이 맞다면 시행하겠다고 약속하시겠습니까?"

딜러 사장으로부터 이행 약속을 받아낸 후, 판매의 본질에 대한 토론이 시작되었다.

논리와 끈기

엘크 딜러와의 3시간 토론

첫 번째 질문을 던졌다.

"What is the meaning of sales? Tell me in one word. 판매의 의미가 무엇인지 한 단어로 표현해 보시겠어요? 정답은 없습니다."

"고객 만족, Customer Satisfaction"

"두 단어예요. 한 단어로 표현해 보세요."

"수익 Profit, 돈 Money, 서비스 Service, 관계 Relation"

답변하기 쉽지 않은 질문이었다. 나는 칠판에

"Sales is Moving"

이라고 적고 설명을 시작했다.

"판매는 움직이는 겁니다. 그런데 움직이지 않고서도 판매는 할 수 있습니다. 왜냐하면 당신 쇼룸이 여기 있고, 당신은 쇼룸에 가만히 앉아서 고객을 기다리기만 하고 있습니다. 특소세 인상으로 많지는 않더라도 고객들이 쇼룸을 방문하니 판매는 이루어집니다. 그러나 판매는 움직이지 않으면 절대 늘어나지 않습니다. 지금은 고객이 쇼룸에 오지 않으니 고객을 찾기 위해 현장Field 영업 직원을 운영해야만 하는 시기입니다. '무빙Moving'이란 현장 영업을 포함한 모든 움직임을 포괄하는 말입니다. 아침 인사, 고객문의 후속 조치, 가망 고객 찾기, 롤플레잉, 레퍼럴 액티비티 등 판매를 향상시키기 위한 모든 활동입니다."

딜러 사장은 어떻게 고객을 찾을 수 있는지 구체적인 방법을 물어왔다. 외부에 나가서 고객을 어떻게 찾을 수 있냐는 것이었다. 고객을 찾으려고 무작정 건물로 들어갈 수도 없는 노릇이었다.

중요한 순간이었다. 명확한 방법을 제시하지 못하면 설득에 실패할 것이 분명했기 때문이다.

나는 즉시 실행 가능한 방안을 제시했다.

1. 정비소에 방문한 고객 중 차량을 구입한 지 5년 이상 된 고객들을 선별하라.

2. 해당 고객들에게 차량 정비 서비스를 무상으로 제공한다고 전화하라.

3. 차량 교체 계획이 있다면 직접 방문 상담을 제공한다며 적극적으로 고객에게 접근하라.

4. 고객 추천 프로그램도 실행하라. 신규 구매 고객을 소개해주면 30만 원 정비 쿠폰을 지급해라.

이를 위해서는 필드에서 고객을 찾는 전담 영업팀을 별도로 운영해야 한다고 강조했다. 3시간에 걸친 치열한 토론 끝에 딜러 사장의 동의를 얻어냈다.

"정 실장님 말씀을 들어보니 일리가 있네요. 동의합니다. 제가 진지하게 실행 방안을 검토해 보겠습니다."

일주일 후 점검해보니 아무런 변화가 없었다. 역시 말뿐이었고, 실천은 전혀 이루어지지 않았다. 허탈하고 배신감도 느꼈지만 마음을 다잡았다. 서둘러 호의적인 딜러를 찾아 설득 작업에 돌입해야 했다. 갤러리 판매를 없애야 하는 목표를 향해 나아가야 했기 때문이다.

> 현장의 책임자가 내 주장을 무시하더라도 감정에 치우치면 안 된다. 현장 사람들을 설득시킬 수 있는 근거와 논리로 무장해야 한다. 끈기와 집념을 가지고 진심을 다해 부딪쳐라. 설령 좋은 결과를 얻지 못하더라도 실망하거나 좌절하지 마라. 옳은 방법은 시간이 문제일 뿐, 반드시 좋은 결과를 가져온다.

4

정직은
사람과 회사를 살린다

"정직이 때로는 어렵지만 결국 사람과 조직을 살리는 길이다."

—

데일 카네기

선봉 딜러

조쉬쿤의 기적적 변화

터키 시장의 고질적인 문제인 '갤러리 판매' 근절을 위한 본격적인 행동에 돌입했다. 우선 영업 사원 증원에 호의적인 샘플 딜러를 찾는 것이 가장 시급했다. 직원들은 여사장 혼자 운영하는 이스탄불 외곽의 조쉬쿤Coskun 현대를 추천했다. 나와 동갑인 미혼의 여장부로, 직접 현장에 나가 판매

할 정도로 열정이 넘치는 사람이었다. 나는 과감한 제안을 던졌다.

"필드 영업 사원을 열 명 더 늘려야 합니다."

딜러 입장에서는 결코 쉬운 결정이 아니었다. 터키 물가를 고려할 때 영업 사원 한 명당 월 비용이 200만 원급여, 보험, 교통비, 식대, 보너스 포함이 소요될 것으로 분석됐다. 열 명을 늘리면 연간 2억 4천만 원이라는 막대한 투자가 필요했다. 딜러를 설득하기 위해 치밀하게 준비한 분석 자료를 펼쳐놓고 설명했다.

"영업 사원 한 명당 월 200만 원이 들지만, 신입 영업 사원도 월 5대는 충분히 팔 수 있습니다. 그러면 3대는 인건비로 나가고, 2대는 순이익이 되죠. 열 명이면 매월 20대의 순이익을 만들어낼 수 있습니다. 대당 순이익을 50만 원으로 계산하면 월 1,000만 원, 연간 1억 2천만 원의 수익이 가능합니다."

나는 목소리에 확신을 담아 계속했다.

"영업 사원 증원은 단순한 비용 증가가 아닙니다. 미래를 위한 투자예요. 영업 사원은 현장에서 싸우는 병사인데, 병력이 적으면 전쟁에서 이길 수 없잖아요."

오후 4시가 되자 딜러 사장의 표정이 서서히 바뀌기 시작했다. 돈을 벌게 해준다는 명확한 분석과 논리가 그녀를 움직이고 있었다.

"제가 딜러를 시작할 때는 혼자서 월 30대를 팔았어요. 그런데 언제부턴가 갤러리라는 편법에 익숙해지면서 안주하게 됐죠. 오늘 정 실장님 말씀을 듣고 보니 제가 초심을 완전히 잃었더군요. 다시 처음 마음으로 돌아가겠습니다."

그녀의 목소리에 강한 결단이 담겨 있었다. 그리고 그녀는 내 제안을 100% 수용하겠다고 약속했다. 한 달 후, 조쉬쿤 현대에서 열 명 채용을 완료했다는 연락이 왔다. 전장의 용사들을 제대로 키우기 위해 영업 사원 교육은 내가 직접 맡았다. 3개월이 지나자 조쉬쿤 딜러의 판매 실적에 놀라운 변화가 나타났다.

개선 전: 갤러리 판매 45대 + 실제 판매 20대 = 총 65대

개선 후: 실제 판매만으로 75대 달성

다른 딜러들도 조쉬쿤의 생생한 성과를 목격하고 나서야 비로소 믿고 따르기 시작했다.

"정말 효과가 있는 건가요?"

의심스러워하는 딜러가 있으면 조쉬쿤 사장이 직접 전화를 걸어 설득했다.

"제가 직접 적용해 본 결과를 보세요. 갤러리 판매 없이 매출이 20%나 늘었거든요."

엘크 딜러와의 치열한 판매 철학 논쟁, 조쉬쿤 딜러의 진심 어린 설득, 전체 딜러 대상 영업 사원 증원 독려. 10개월 동안의 험난한 과정을 거쳐 마침내 2014년 말, 영업 인력 350명 증원이라는 목표를 완수했다.

갤러리 판매를 없애다
정도의 길

이러한 노력이 시간이 지나면서 서서히 효과를 보였다. 갤러리 판매 없이 5개월 연속으로 100% 이상을 달성하는 결과가 나타났다. 2014년 10월경이 되자 확신이 섰고, 11월에 전 딜러에게 2015년 1월부터 갤러리 판매를 근절할 것이라는 편지를 보냈다. 갤러리 판매가 적발될 경우를 대비해 엄격한 처벌 조치를 마련했다. 1회 적발 시 3만 달러, 2회 적발 시 5만 달러의 벌금을 부과하고, 3회째 적발 시에는 딜러 자격을 박탈한다는 내용이었다.

"이번이 정말 마지막 경고입니다."

12월, 다시 한번 경고 편지를 발송했다. 딜러 사장과 세일즈 매니저 각각에게 편지를 보내고, 직접 확인 전화까지 걸었다.

"편지 내용 다 읽어 보셨죠? 이해하신 거 맞나요?"

페널티 금액이 워낙 막대했기 때문에 그 누구도 함부로 위반할 엄두를 내지 못했다. 2015년 1월에 갤러리 판매 근절 대책이 시행되었다. 1월 중순경 한 딜러가 갤러리 판매를 했다는 증거를 찾아냈다. 규정대로 3만 달러 벌금을 통보하고 전 딜러에게 위반 사실을 공지했다. 이러한 강력한 조치가 시행되자 다음 달부터는 갤러리 판매가 완전히 사라지는 성과를 거두었다. 딜러들의 강한 반대에도 불구하고 굴하지 않고 끝까지 밀어붙였다. 이 방법만이 갤러리 판매를 없앨 수 있다는 확신이 있었고, 마침내 그 성과를 얻었다. 성취감을 느끼는 순간이었다.

편법을 이겨내는 세 가지 방법

직장 생활을 하다 보면 실적 압박을 피할 수 없다. 특히 판매 부문이라면 더욱 그렇다.

"이번 달 목표, 어떻게든 달성해야 하는데…."

"다들 저렇게 하는데, 나만 바보인가?"

이런 생각이 들 때마다 기억하라. 편법에 굴복하는 것은 마약의 소굴로 들어가는 것과 같다. 타협하지 않겠다는 굳건한 신념을 세워라.

1. 정면 돌파하라

문제를 피하지 말고 정면으로 돌파하라. 터키에서 갤러리 판매를 없애기 위해 350명을 추가 채용한 것처럼, 근본적인 해결책에 투자하라.

2. 소신을 지켜라

때로는 외롭고 고통스럽지만, 소신은 사람을 단단하게 만든다. '고과에 반영하겠다'라는 메일을 받고도 정도를 선택한 경험이 결국 나를 더 강하게 만들었다.

3. 정직을 택하라

편법은 잠깐의 성과만 남기지만, 정직은 오래도록 사람과 회사를 살린다. 당장은 손해 같아도 장기적으로는 정직이 승리한다.

> 지금 당신 앞에는 두 개의 길이 있다. 편법의 그림자에 머물 것인가, 정도의 빛을 향해 걸어갈 것인가? 선택은 당신의 몫이다. 정면으로 돌파하라. 유혹과 편법을 이겨내는 용기를 가져야 한다. 정직의 길 끝에는 밝은 빛이 당신을 기다리고 있을 것이다. 지금 당신의 책상 위에는 어떤 선택지가 놓여 있는가?

5

세상을 넓히는 순간, 거인을 만나다

" 배우고 익히기를 힘쓰면 끝이 없다. "

―

세종대왕

도로 위에 핀 한복의 아름다움

첸나이 제2공장 준공식

2008년 2월에 인도 첸나이Chennai 제2공장 준공식이 거행되었다. 정몽구 회장님은 물론, 첸나이 타밀나두 주지사와 많은 손님이 참석했다. 공장에 들어서자 제2공장 준공식장까지 한복을 입은 직원 가족들이 도로에 도열해 있었다. 인도 주지사를 환영하기 위해 연출된 모습이었다. 나는 비

현실적으로 느껴져 행사 주관자에게 물었다.

"어? 여기가 북한인가요?"

그러자 주관자는 인도라는 나라에서는 아직 이러한 이벤트가 효과가 있다고 설명해 주었다. 또한, 주지사가 참석하기 때문에 한국을 가장 잘 표현할 방법을 고민했다고 했다. 최종적으로 한국의 미를 가장 잘 표현하는 것이 한복이라 여겨 이를 선택했다는 것이다. 물론, 직원 가족들에게는 취지를 충분히 설명하고, 정중히 양해를 구했다고 한다. 행사이후 언론들은 한복의 아름다움과 한국 전통문화 표현을 높이 평가하는 기사를 다수 보도했다. 참석한 인도 고위 관계자들과 손님들로부터 좋은 반응을 얻었다.

행사가 마무리되고 주재원들에게는 선물로 출장 가방이 주어졌고, 한복을 입고 행사에 참여한 가족분들에게는 제2공장 준공 기념 격려금이 전달되었다. 가족들의 참여는 자칫 딱딱할 수 있었던 분위기에 인간적인 온기를 더했다. 이는 공장 완공이라는 의미를 넘어 마음을 나누는 교류의 장이 되었다.

짧은 말에 담긴 진심
"고생이 많지"

2014년 추석 즈음, 정몽구 회장님이 인도를 방문하고 귀국길에 터키를 방문하신다는 연락이 왔다. 회장님 방문 때 주재원 부부를 초청하여 추석 선물 전달 및 만찬이 예정되어 있었다. 그 당시만 해도 회장님이 현지를 방문하면 공장, 호텔에서 영접하는 행사를 진행하고 있었다. 나는 호텔 영접조에 속해 회장님을 영접하게 되었다.

호텔 입구에서 회장님께서 악수를 건네시며

"객지에서 고생이 많지."

라며 격려의 말씀을 하시면서 등도 두드려 주셨다. 그때 회장님의 따뜻한 손길과 격려의 말씀이 지금도 생각나곤 한다. 저녁 만찬 자리에는 회장님과 터키 법인장님 부부, 재경 임원, 공장 임원 부부와 우리 부부가 같은 테이블에서 식사하게 되었다. 내 자리는 회장님과 맞은편이었다. 식사를 시작하면서 회장님이 아내에게 터키 생활에 대해 질문을 던지셨다.

"생활하는 데 불편함은 없나요?"

아내는 본인에게 질문할 거라고는 생각하지 않았기 때문에 깜짝 놀랐지만, 회장님이 잘 배려해 주셔서 아무 불편 없이 잘 지내고 있다며 모범 답안으로 답했다. 나중에 아내는 너무 긴장해서 밥이 코로 들어갔는지 입으로 들어갔는지 모르겠다라고 했다. 나 또한 회장님과의 만찬은 처음이었지만, 평소 직원들에게 너그럽고 친절한 분이라는 이야기를 들어왔기에 부담 없이 음식을 먹으며 그 자리를 즐겼다. 만찬을 마치며 회장님은 주재원들에게 명절 선물을 전달했다.

"해외 근무라 곧 있을 추석이 공식 휴일은 아니지만, 가정에서 따뜻한 명절 분위기를 느끼며 건강히 잘 지내기 바랍니다."

인자하게 직원들을 먼저 배려해주시는 회장님께 늘 감사한 마음이다. 정의선 부회장님은 취임 이후 공항, 호텔 등 모든 의전을 없애고, 그 시간을 아껴 근무하라고 지시하셨다. 이때부터 모든 의전이 없어지게 되었다. 나는 이러한 형식적인 의전을 없앤 정 부회장님의 결정이 옳다고 생각한다.

해외 근무 중 만난 정몽구 회장님의 따뜻한 격려 한 마디와 직원 가족까지 챙기는 세심함이 얼마나 큰 힘이 되었는지 지금도 생생하다. 이 경험을 통해 리더란 거창한 이벤트보다 직원 한 사람 한 사람에게 진심으로 다가갈 때 더 큰 감동을 줄 수 있음을 깨달았다.

6

원칙만큼
배려도 중요하다

" 원칙만으로는 안 되며, 이해와 배려가 중요하다. "

―

알베르트 아인슈타인

중동의 선물 문화
규정만으론 부족하다

2020년 1월에 아중동 아프리카, 중동, 아시아 권역본부장으로 발령을 받아 두바이로 근무지를 옮겼다. 업무 보고를 받고 곧바로 판매 규모가 가장 큰 사우디로 출장 일정을 잡았다. 3박 4일 일정으로 세 곳의 대리점을 방문하는 과정에서 각 대리점은 고가의 선물을 건넸다.

"이런 고가의 선물을 주시면 저와 함께 일하기 싫다는 뜻으로 받아들여도 될까요?"

농담처럼 말하며 자연스럽게 선물을 돌려주곤 했다. 회사 규정 때문에 받을 수 없다고 정중하게 돌려주면서 3개 대리점 방문을 마쳤다. 중동 지역에서는 손님에게 선물을 주는 관행 때문에 이를 거절하는 것도 힘든 일 중 하나였다. 이 일이 있고 나서 레바논 오너와 두바이에서 점심 식사 자리가 있었다. 식사 도중에 오너는 금과 은으로 된 기념주화를 선물로 주었다. 그 자리에서 이런 선물은 회사 규정상 받을 수 없다고 다시 건네주었다. 그런데도 오너는 수차례 권했고, 두세 번의 권유와 거절이 반복되었다. 마지막에는 대리점 사장의 얼굴색이 변하면서 고함치듯 말했다.

"정 권역장님, 이 주화는 제가 당신께 진심으로 드리는 마음의 선물입니다. 그러니 정 권역장님께서 이 주화를 식당 쓰레기통에 버리고 가세요!"

나는 순간 '아차, 내가 실수를 했구나. 이러면 안 되겠다'라는 생각이 들어 미안하다고 사과하고 일단 주화를 받았다. 대리점 오너 입장에서는 아무런 조건 없이 순수하게 자기 마음을 전하고자 했던 것이었다. 그런데 이런 성의를 무시하고 한사코 거절하니 기분이 상했던 것이다. 직원들이 기념주화를 인터넷에서 검색해 보니 상당히 고가의 선물이었다. 회사 규정집에서 선물 관련 규정을 찾아서 레바논 오너에게 메일을 보냈다. 중동 정서를 잘 몰라서 실수했다는 내용도 덧붙였다.

대리점 사장으로부터 답신 메일이 왔다. 회사의 규정을 잘 몰랐고, 이제는 이해를 했다고 했다. 자신도 화를 냈던 것에 대해 사과한다고 했다. 이렇게 회사 규정과 선물 사이에서 충돌했던 해프닝은 마무리되었다. 대리점 사장과의 선물 갈등을 통해 내가 가지고 있던 생각을 다시 돌아보는 시간을 가졌다. **내 원칙도 중요하지만 상대방의 마음을 먼저 헤아려야** 한다. '나는 옳고 너는 잘못됐다'라는 생각은 사람을 작아지게 만들 수도 있다.

원하는 복귀 부서
회사도 직원이 소중하다

주재원들은 4년 근무 후에 한국으로 복귀해야 한다. 나는 직원들과 면담을 통해 희망하는 부서에 복귀할 수 있도록 최대한 지원했다. 내가 지원할 수 있는 위치에 있을 때 모든 역량을 동원하여 지원해주는 것이 직원들을 돕는 길이라고 생각했다. 2020년 봄, 두바이에서 권역본부장으로 근무하고 있을 때 홍 책임이 개인적인 사정으로 복귀를 1년 정도 앞당기고 싶다고 요청했다.

"어머님이 광주에서 혼자 노년을 보내고 계시는데 어머님을 돌봐드리고 싶습니다. 그래서 광주 지역 정비사업소로 발령 내주시면 감사하겠습니다."

홍 책임은 해외영업본부 소속인데 광주 정비사업소로 이동하기 위해서는 두 곳의 동의를 얻어야 했다. 해외영업본부에서는 홍 책임을 보내줘야 했고, 국내영업본부는 광주에 자리를 마련해야 했다. 국내영업본부 인사담당 동기에게 메일을 보냈다.

"회사는 공적으로 일해야 하는 조직이기 때문에 개인 사정을 다 들어줄 수 없다는 것은 알고 있습니다. 그래도 상황이 된다면 홍 책임의 사정을 고려해 줄 수 없을까요?"

일주일 후 동기로부터 답신이 왔다.

"회사도 직원이 어려울 때 직원 보호 차원에서 간혹 개인

사정을 들어주는 경우도 있어요. 광주 정비사업소에 자리를 마련했습니다."

홍 책임을 불러 광주사업소로 발령이 난다는 소식을 전하자, 그는 뛸 듯이 기뻐하며 연신 고마움을 표했다. 회사에는 규정을 지켜야 하는 원칙이 있다. 하지만 때로는 직원들의 절박한 상황을 배려해, 원칙을 넘어서 사람을 먼저 생각하는 유연함이 필요하다.

> 레바논 사장과의 선물 해프닝과 홍 책임의 복귀를 도왔던 이 경험은 내게 원칙과 배려의 진정한 의미를 다시 생각하게 했다. 원칙을 지키되, 상대방의 처지와 마음을 먼저 이해하려는 배려가 중요하다. 때로는 원칙을 고수하는 것보다 상대방의 입장에서 한 번 더 생각해 보는 것이 더 큰 신뢰를 만들어낸다. 진정한 소통은 내 기준이 아닌 상대방의 마음을 헤아리는 것에서 출발하기 때문이다.

7

동반자에게
좋은 기운을 줘라

"좋은 동행은 길을 덜 힘들게 한다."

―

영국 속담

홍 대표의 당부
직원 역량 강화

2022년 3월, 현대차 협력 업체인 남양넥스모에 구매본부장으로 입사했다. 남양에 출근한 지 사흘째 되던 날, 홍 대표가 나를 불러서 다음과 같이 당부했다.

"남양의 역사는 54년 됐지만 모든 면에서 부족한 것이 많습니다. 대기업에서 근무하신 경험으로 남양 직원들의 역량을 올려 주십시오. 그리고 해외에서 오래 근무하시면서 터득한 노하우도 직원들에게 많이 가르쳐 주시기 바랍니다."

"저도 부족한 것이 많지만 남양의 미래를 위해 많이 고민해 보겠습니다."

면담을 마치고 '남양과 직원들을 위해 내가 해야 할 일이 과연 무엇일까?'라고 생각해 봤다. 그리고 결론을 내렸다. 직원들을 위해 내가 해야 할 역할을 다음과 같이 여섯 가지로 정리했다.

1) 환경 개선을 통한 근무 분위기 향상
2) 직원들에게 긍정적인 에너지 전파
3) 조직 개편과 유능한 인재 발굴
4) 올바른 소통으로 부서 간 화합
5) 업무 효율성 향상
6) 성과를 내는 업무 방법 정립

이와는 별도로 개인적인 목표도 설정했다. 당시 홍 대표의 최대 관심사이자 가장 어려운 과제였던 BMW와의 단가 인상 협상을 반드시 성공시키겠다고 다짐했다. 풍부한 해외 근무 경험을 바탕으로 이 난제를 해결해 보겠다는 의지를 다졌다.

업무 효율 향상
클래식 음악과 함께

연구동 3층 사무실에 첫 출근했을 때의 기억이 선명하다. 공간이 다소 어둡고 차분한 분위기였다. '좀 더 밝고 쾌적한 환경이라면 더 활기차게 일할 수 있지 않을까?' 하는 생각이 들었다. 즉시 행동에 나섰다. 사무실 도색을 시작으로 쓰레기통을 새로 설치하고, 벽면에는 자연 풍경과 추상화 그림을 적절히 섞어 걸었다. 그리고 무엇보다 화분 50여 개를 사무실 곳곳에 배치했다. 출근한 지 한 달 만에 대대적인 변신을 완료했다. 직원들의 반응은 극명하게 갈렸다. '왜 갑자기 이런 일을…?' 하며 의아해하는 사람들도 있었고, '확실히 기분이 다르네요'라며 긍정적으로 받아들이는 사람들도 있었다.

사무실 환경 개선을 마친 다음에 매일 아침 7시부터 8시까지 1시간 동안 클래식 음악을 틀도록 했다. 클래식 음악은 정신을 맑게 해주고, 차분한 마음으로 업무를 시작하는 데 효과가 있다고 믿고 있었다. 아인슈타인도 연구하고 난 후 남는 시간에는 정신적 피로를 풀기 위해 클래식 음악을 들었다고 한다. 화분, 그림, 음악으로 근무 환경을 바꾸고 전 직원을 모아놓고 그 이유를 설명했다.

"여러분, 남양넥스모는 컬럼, 유조인트, 기어박스, 브레이크 디스크를 생산합니다. 모두 쇠가 들어가는 제품들이죠. 이렇다 보니 우리 직원들 정서도 모르는 사이에 딱딱해지고 있어요."

몇몇 직원들이 고개를 끄덕였다.

"여러분들의 정서가 딱딱해지면 창의적인 생각이 나지 않게 됩니다. 근무 환경을 바꾸어 좀 더 효율적으로 업무를 하자는 취지에서 이런 변화를 시도했습니다."

시간이 지나면서 작은 변화들이 눈에 띄기 시작했다. 아침 출근 시간의 분위기가 조금씩 달라졌고, 부서 간 소통도 자연스러워졌다. 무엇보다 직원들이 업무에 임하는 자세에서 여유가 느껴졌다. 근무 환경을 바꾸는 것이 단순한 인테리어의 문제가 아니라는 것을 다시 한번 확인했다. 사람의 마음이 바뀌면 일하는 방식도 달라진다. 그리고 그 작은 변화가 결국 회사 전체의 경쟁력으로 이어진다.

긍정적 에너지 전파
"좋아요, 잘하고 있어요"

현대차 임원 시절, '직원들에게 좋은 에너지를 전파하는 것'이 리더의 중요한 역할 중 하나라고 생각했다. 사람은 누구나 에너지를 발산한다. 매일 인상을 쓰고 짜증을 내는 상사 밑에서는 팀 전체가 위축된다. 반면 늘 밝은 표정으로 격려하는 리더 주변에는 자연스럽게 활기가 돈다. 나는 의식적으로 좋은 에너지를 만들어 내려고 노력했다.

복도에서 마주치는 직원들에게는 가벼운 농담을 건넸고, 회의실에서는 진지한 논의 중에도 웃음이 터져 나올 수 있도록 분위기를 이끌었다. 발표하는 직원이 긴장하면

"잘하고 있어요. 계속해 보세요."

라고 하며 든든한 지원군이 되어주었다. 팀장들에게도 같은 원칙을 당부했다.

"팀장은 팀원들에게 항상 밝은 에너지를 주도록 노력해야 합니다."

몇 개월 후, 홍 대표가 내게 말했다.

"영업 구매본부 분위기가 완전히 달라졌네요. 직원들 표정부터가 다르더군요."

인재 발탁
핵심 인재는 과감하게 추천

오랜 판매 경험을 통해 알게 된 것은 팀장급은 대략 2개월 정도 근무하면 자질 검증이 된다는 것이었다. 팀장의 역량이 기대에 미치지 못한다고 판단되면, 주저하지 않고 과감한 조직 및 인사 개편을 단행했다. 폴란드 현지 책임자인 라쉑Rashek의 역량이 직책에 미치지 못한다고 판단하여, 부임 6개월 만에 교체하는 결정을 내렸다. 터키에서는 역할을 제대로 수행하지 못하는 팀장급 7명을 새롭게 교체하여 조직 전체의 근무 분위기를 쇄신했다.

남양에서는 입사 6개월 후, 업무 능력이 우수한 차석급 두 명을 팀장으로 승진시켰다. 구매팀에는 윤인섭 팀장 휘하에서 지대현 책임이 윤 팀장을 보좌하는 역할을 맡고 있었다.

실제로 업무를 맡겨보니 열정도 있고, 일하는 방법만 조금 코칭하면 충분히 잘할 수 있을 것이라는 확신이 들었다. 몇 달간의 코칭 결과, 예상대로 업무 효율성이 크게 향상되었고 이전보다 훨씬 뛰어난 성과를 거두었다.

홍 대표 주관으로 남양의 미래를 책임질 핵심 인재를 선발하는 운영위원회가 매년 개최되었다. 2022년 말경 핵심 인재를 추천하는 운영위원회에서 고민스러운 상황이 발생했다. 개인적으로는 윤 팀장과 지대현 책임, 두 명 모두를 추천하고 싶었다. 윤 팀장은 이미 회사로부터 우수한 업무 성과를 인정받고 있어 핵심 인재 선정에 무리가 없었다. 그러나 같은 팀에서 두 명을 동시에 추천하는 경우는 드물었기에 지대현 책임까지 선정시키기에는 무리가 있었다.

최종적으로 나는 과감하게 두 명 모두를 핵심 인재로 홍 대표에게 추천했다. 홍 대표 역시 이러한 의견을 받아들여 주셨고, 지대현 책임도 핵심 인재로 선정되었다. 이 결정은 지 책임에게 큰 동기 부여가 되었고, 더욱 열정적으로 업무에 임하는 계기가 되었다.

소통의 의미

추임새/'리액션(reaction)'

남양에 와서 새로운 환경에 적응하며 느낀 것이 있었다. 54년 역사를 자랑하는 현대차 협력사로서의 든든함은 있었지만, 급변하는 시장에서 더 높은 경쟁력을 갖추려면 조직 전체의 역량 향상이 필요했다. 회의 효율성을 높이고 부서 간 화합을 다지기 위해 '소통'의 방식에 대해 언급했다.

"소통이 뭐라고 생각하세요?"

"서로 대화를 잘하고, 경청하는 것 아닌가요?"

"맞습니다. 그런데 한 가지 더 중요한 것이 있어요."

"진짜 소통의 핵심은 공감입니다. 우리말로는 '추임새', 영어로는 '리액션reaction'이 그것입니다. 상대방이 의견을 말할 때 '맞아요, 그렇게 생각해요', '정말 좋은 의견이네요'라며 적극적으로 호응해주는 것입니다. 고개를 끄덕이며 진심으로 경청하는 모습을 보여주는 것입니다. 이런 방식으로 소통하면 부서 간 협력이 한층 수월해질 거예요. 연습하면 누구나 할 수 있어요."

발표는 간단하게
자신감은 연습에서

프레젠테이션에 대한 내 철학은 단순하다. '자료는 간단하게, 발표는 완벽하게.'

- PT 자료: 핵심만 담되, 그래프는 한눈에 들어오게, 글자와 숫자는 뒷자리에서도 보일 만큼 크게.
- 발표 준비: 최소 10번은 큰 소리로 연습해서 내용을 완전히 숙지할 것. 각 슬라이드마다 손짓, 표정, 목소리 톤까지 계산해서 연습할 것.

2023년 5월, BMW 출장에서 팀원과 함께 성장하는 값진 경험을 했다. 우리 팀원이 단가 인상 협의를 위해 만든 자료가 무려 100장에 달했다. BMW를 설득하고자 모든 근거 자료를 상세하고 꼼꼼하게 담아낸, 그야말로 만반의 준비였다. 그런데 정작 발표를 맡은 팀원이 어려움을 겪고 있었다. 나는 그의 발표를 잠시 멈추고 현장에서 즉석 코칭을 시작했다.

"잠시 발표를 멈추고, 함께 준비해 봅시다. 자료를 10번 큰 소리로 읽어보세요. 각 슬라이드마다 꼭 전달해야 할 핵심 3가지를 정해봅시다."

2시간 후 다시 시작한 발표는 확실히 달랐다. 나는 만족스러운 마음에 칭찬을 건넸다.

"정말 좋아졌어요! 연습하면 됩니다."

하지만 여기서 끝내지 않았다.

"이제 각 슬라이드마다 시선 처리, 제스처, 강조 포인트를 연습해봅시다. 더 임팩트 있게 만들어보죠."

몇 시간의 연습 끝에 최종 발표 시연이 이어졌다.

"완벽합니다! 정말 수고 많으셨어요."

그러자 그 팀원이 벅찬 표정으로 진심을 전했다.

"정말 많이 배웠습니다. 이런 기회를 주셔서 감사합니다."

나는 그의 말에 웃으며 화답했다.

"당연한 일이죠. 저도 함께 배우는 과정이었어요."

그날은 직원과 함께 호흡하며 성장하는 기쁨을 온전히 느낀 소중한 시간이었다.

핵심을 파악하면
성과는 따라온다

같은 열정으로 일하는 두 직원이 있다. A직원은 탁월한 결과를 만들어낸다. B직원은 열심히 하지만 성과가 아쉽다. 차이는 단 하나다. 바로 '집중하는 지점이 다르다'는 것이다.

A직원은 '결과를 만들어내는 일'에 집중한다. B직원은 '열심히 하는 것' 자체에 집중한다.

손익 개선 과제를 예로 들어보자.

성과형 접근법(A직원)
– 손익 구조를 체계적으로 분석한다.
– 단가 인상의 타당한 근거를 데이터로 준비한다.
– 상대방 입장에서 수긍할 수 있는 논리를 구성한다.
– 결과: 합리적 협의를 통한 단가 조정 성공.

노력형 접근법(B직원)
– 단가가 낮아 힘드니 무조건 올려달라고 요청한다.

- 근거나 자료 없이 회사가 어렵다고 얘기한다.
- 감정적 호소나 일방적 요청에 의존한다.
- 결과: 설득력 부족으로 성과 미달.

성과를 내는 사람은 먼저 전략적으로 사고한다. 이 일의 핵심은 무엇인가? 상대방과 함께 할 수 있는 윈윈Win-Win 방안은 무엇인가? 그리고 그 지점에 모든 에너지를 집중한다. 이것이 진짜 전문가와 단순히 성실한 사람의 차이다.

> 35년 회사 생활을 돌아보니, 리더의 역할은 화분 50개를 배치하고 클래식 음악을 틀어주는 것처럼 작은 배려에서 시작된다는 것을 깨달았다. "잘하고 있어요, 계속해 보세요."라는 한마디가 직원에게 얼마나 큰 힘이 되는지, 그리고 상대방 말에 "맞아요, 그렇게 생각해요."라며 추임새를 넣어주는 것만으로도 조직의 소통이 얼마나 달라지는지 경험했다. 결국 탁월한 성과를 내는 비결은 일의 핵심을 찾아 전략적으로 접근하는 것이지만, 그 모든 것의 시작은 동료들에게 좋은 에너지를 전파하는 것이었다.

퇴근 후 이야기

딸들에게 들려주고 싶은 이야기

2009년 봄, 콜카타에서 델리로 발령받으며 두 딸을 명문 AES American Embassy School에 입학시켰다. 다른 아빠들처럼 나 역시 자녀 교육은 아내에게 맡기고 있었다. 2010년 3월 어느 저녁, 아내가 처음으로 도움을 요청했다. 큰딸이 사춘기라서인지 대화가 어렵다는 것이었다. 일주일을 고민한 끝에 두 딸에게 하고 싶은 말을 액자에 담기로 했다. 저녁 식사 후 두 딸을 불러 앉혔다.

"얘들아, 아빠가 솔직히 말할게. 회사 일만 하느라 너희들한테 제대로 된 아빠 노릇을 못 했어. 다른 아빠들처럼 숙제도 안 봐주고, 같이 놀아주지도 못했지. 미안하다. 그래도 한 가지만은 확실해. 너희들이 건강하고 행복하게 컸으면 좋겠다는 거야. 그래서 인도까지 온 거고."

그리고 미리 준비한 액자를 건넸다.

아빠가 사랑하는 딸들에게

1. 정직하자. (지혜롭게) – 순간을 모면하는 거짓말보다, 뼈 아픈 진실이 낫다.
2. 성실하자. – 피곤할 때 도망치면 그냥 피곤한 하루로 끝나지만, 버티면 한 뼘 더 커진다.
3. 남을 배려하자. – 배려는 품위이자 힘이다.
4. 밝게 인사하자. – 짧은 인사가 긴 인상을 남긴다.
5. 정리 정돈을 잘하자. – 책상 하나를 정리하는 게 삶 전체를 정리하는 지름길이다.

– 2010년 3월 인도 델리에서 아빠가

"언젠가 엄마, 아빠는 너희들보다 먼저 세상을 떠날 거야. 그때 이 액자가 작은 나침반이 되기를 바란다. 완벽할 필요는 없어. 기준이 있다는 것만으로도 충분하거든."

서른하나가 된 큰딸은 여전히 사춘기가 끝나지 않은 듯하지만, 가끔 그 액자를 들여다보며 빙긋 웃는다고 한다. 어쩌면 그것만으로도 충분한 건 아닐까?

> 에필로그

2024년 12월, 남양넥스모에서의 마지막 출근길.

아침 일찍 일어나 넥타이를 매는 일상이 끝났습니다. 35년간 수천 번도 넘게 반복했던 그 동작이 이제는 추억이 되었습니다. 거울 앞에서 넥타이를 매며 오늘 하루 어떤 일들이 기다리고 있을까 생각하던 그 시간들, 저녁에 넥타이를 풀며 하루를 정리하던 그 순간들이 모두 소중한 기억으로 남았습니다. 돌이켜보니 참 많은 일이 있었습니다. 국내와 해외 현장에서 경험한 모든 순간들이 지금의 저를 만들었습니다. 이제 회사를 다니는 후배들에게 마지막으로 몇 가지 말씀을 드리고 싶습니다.

첫째, 작은 일도 소중히 여기세요.

양도증에 풀칠하는 것 같은 단순한 업무라도 그 안에는 배울 것이 있습니다. 회사의 모든 일은 연결되어 있고, 각각의 역할이 있습니다. 작은 일을 충실히 하는 사람만이 큰일도 해낼 수 있습니다.

둘째, 어려움 앞에서 담담하세요.

부당한 일을 당하거나, 승진에서 누락되어도, 원치 않는 부서로 발령받더라도 담담하게 받아들이세요. 감정적으로 대응하면 상황만 악화됩니다. 차분하게 대처하고 인내하면 반드시 길이 보입니다.

셋째, 현장을 소중히 여기세요.

책상에 앉아서는 알 수 없는 것들이 현장에는 있습니다. 고객과 직접 만나고, 현장을 온몸으로 체험하며 얻는 지혜는 그 무엇과도 바꿀 수 없는 자산입니다.

넷째, 정직하게 일하세요.

편법과 꼼수는 단기적인 성과를 가져다줄지 모르지만, 결국 더 큰 문제로 돌아옵니다. 정직하고 원칙을 지키는 사람이 마지막에는 승리합니다.

다섯째, 사람을 소중히 여기세요.

회사 생활은 결국 사람과 사람의 관계입니다. 상사든 부하든 동료든, 진심으로 대하고 배려하는 마음을 잃지 마세요. 그 관계들이 여러분의 평생 자산이 됩니다.

협력 업체에서 배운 새로운 시각

현대자동차를 퇴직한 후 남양넥스모에서 보낸 2년 7개월은 제게 새로운 시각을 선사했습니다. 대기업에서는 보지 못했던 협력 업체의 현실, 그들의 어려움과 노력을 직접 경험할 수 있었습니다. 협력 업체들은 대기업과의 상생을 위해 정말 많은 노력을 하고 있습니다. 하지만 여전히 열악한 수익 구조 속에서 어려움을 겪고 있는 것도 사실입니다. 앞으로 대기업과 협력 업체가 더욱 건강한 생태계를 만들어 나가기를 바랍니다.

감사의 마음

이 자리를 빌려 35년간 함께했던 모든 분께 감사의 마음을 전합니다. 어려울 때 힘이 되어 주신 상사분들, 함께 땀 흘리며 일했던 동료들, 묵묵히 따라와 준 후배들, 그리고 무엇보다 긴 해외 생활을 묵묵히 견뎌낸 가족들에게 진심으로 고맙다는 말씀을 드립니다.

특히 현대자동차라는 세계적인 회사에서 일할 수 있는 기회를 주신 것에 대해 깊이 감사드립니다. 정주영 회장님의 도전 정신과 창업 정신, 정몽구 회장님의 품질 경영, 정의선 회장님의 미래 지향적 리더십 아래에서 일할 수 있었던 것은 제 인생의 큰 행운이었습니다.

그리고 제2의 인생을 시작할 수 있는 기회를 주신 남양넥스모의 차인규 부회장님과 홍진용 대표님께도 깊은 감사를 드립니다. 끝으로 부족한 저를 이끌어 주시고 격려하며 책 출간에 도움을 주신 MIDAS Books의 이다경 편집장님, 임종익 본부장님께도 감사를 드립니다.

새로운 시작

이제 진정한 은퇴의 시간이 시작됩니다. 하지만 이것이 끝은 아닙니다. 오히려 새로운 시작입니다. 그동안 회사 일에 매여 놓쳤던 것들을 되찾고, 가족과 더 많은 시간을 보내며, 제가 받은 것들을 사회에 환원하는 시간을 갖고 싶습니다. 후배들을 위한 멘토링, 젊은 창업가들을 위한 조언, 그리고 이런 책을 통한 경험 공유 등으로 작은 기여를 하고 싶습니다.

마지막 인사

35년의 회사 생활을 마무리하며 한 가지 확신하는 것이 있습니다. **모든 경험은 소중하다는 것입니다.** 좋았던 일도, 힘들었던 일도, 성공했던 일도, 실패했던 일도 모두 제게는 소중한 자산이 되었습니다. 그 모든 것들이 지금의 저를 만들었고, 이 책을 쓸 수 있게 해주었습니다. 여러분도 지금 겪고 있는 모든 일들이 언젠가는 소중한 경험이 될 것입니다. 힘들어도 포기하지 마세요. 담담하게, 그리고 꾸준히 자신의 길을 걸어가세요. 그 길의 끝에서 여러분도 이렇게 말할 수 있기를 바랍니다. **"참 보람 있는 시간이었다."**

마지막으로, 이 책을 읽어 주신 모든 분들께 진심으로 감사드립니다. 여러분의 직장 생활이 보람되고 행복하기를 간절히 기원합니다. 35년간 매일 아침 매었던 넥타이를 이제는 추억 속에 고이 간직하며, 새로운 인생의 장을 열어가겠습니다. 감사합니다.

2025년 10월

정방선